*Na esteira
da tecnocracia*

FUNDAÇÃO EDITORA DA UNESP

Presidente do Conselho Curador
Mário Sérgio Vasconcelos

Diretor-Presidente
José Castilho Marques Neto

Editor-Executivo
Jézio Hernani Bomfim Gutierre

Superintendente Administrativo e Financeiro
William de Souza Agostinho

Assessores Editoriais
João Luís Ceccantini
Maria Candida Soares Del Masso

Conselho Editorial Acadêmico
Áureo Busetto
Carlos Magno Castelo Branco Fortaleza
Elisabete Maniglia
Henrique Nunes de Oliveira
João Francisco Galera Monico
José Leonardo do Nascimento
Lourenço Chacon Jurado Filho
Maria de Lourdes Ortiz Gandini Baldan
Paula da Cruz Landim
Rogério Rosenfeld

Editores-Assistentes
Anderson Nobara
Jorge Pereira Filho
Leandro Rodrigues

JÜRGEN HABERMAS

Na esteira da tecnocracia

Pequenos escritos políticos XII

Tradução

Luiz Repa

© Suhrkamp Verlag Berlin 2013
© 2014 Editora Unesp
Título original: *Im Sog Der Technokratie, Kleine Politische Shriften XII*

Direitos de publicação reservados à:
Fundação Editora da Unesp (FEU)
Praça da Sé, 108
01001-900 – São Paulo – SP
Tel.: (0xx11) 3242-7171
Fax: (0xx11) 3242-7172
www.editoraunesp.com.br
www.livrariaunesp.com.br
feu@editora.unesp.br

CIP – Brasil. Catalogação na publicação
Sindicato Nacional dos Editores de Livros, RJ

H119e

Habermas, Jürgen, 1929-
  Na esteira da tecnocracia: pequenos escritos políticos XII / Jürgen Habermas; tradução Luiz Repa. – 1. ed. – São Paulo: Editora Unesp, 2014.

  Tradução de: *Im Sog Der Technokratie*
  ISBN 978-85-393-0570-4

  1. Ciência política.   2. Sociologia política.   I. Título.

14-15056   CDD: 320
                                           CDU: 32

Editora afiliada:

Sumário

Introdução à Coleção . *7*

Apresentação à edição brasileira . *11*
Sérgio Costa

Prefácio . *25*

I Judeus alemães, alemães e judeus . *31*

    1 Filósofos e sociólogos judeus como regressados à antiga Alemanha Ocidental. Uma recordação . *33*

    2 Martin Buber – a filosofia do diálogo no contexto histórico de sua época . *49*

    3 Heine contemporâneo: "Agora não há mais nenhuma nação na Europa" . *73*

II Na esteira da tecnocracia . *95*

    4 Palavras-chave para uma teoria discursiva do direito e do Estado democrático de direito . *97*

    5 Na esteira da tecnocracia. Um discurso em prol da solidariedade europeia . *117*

III Situações europeias. Intervenções continuadas . *153*
    6 O próximo passo. Uma entrevista . *155*
    7 O dilema dos partidos políticos . *167*
    8 Três razões para "Mais Europa" . *175*
    9 Democracia ou capitalismo? Da miséria de uma sociedade mundial fragmentada pelos Estados nacionais e integrada pelo capitalismo . *183*

IV Instantâneos . *207*
    10 Racionalidade de paixão. Ralf Dahrendorf em seu aniversário de 80 anos . *209*
    11 Perfurações na fonte do espírito objetivo. Prêmio Hegel para Michael Tomasello . *215*
    12 "Como foi possível chegar a isso?" Uma resposta de Jan Philipp Reemtsma . *225*
    13 Kenichi Mishima no discurso intercultural . *231*
    14 Da distância próxima. Um agradecimento à cidade de Munique . *239*

Referências sobre os escritos . *247*

Referências bibliográficas . *249*

Índice onomástico . *257*

Introdução à Coleção

Se desde muito tempo são raros os pensadores capazes de criar passagens entre as áreas mais especializadas das ciências humanas e da filosofia, ainda mais raros são aqueles que, ao fazê-lo, podem reconstruir a fundo as contribuições de cada uma delas, rearticulá-las com um propósito sistemático e, ao mesmo tempo, fazer jus às suas especificidades. Jürgen Habermas consta entre estes últimos.

Não se trata de um simples fôlego enciclopédico, de resto nada desprezível em tempos de especialização extrema do conhecimento. A cada passagem que Habermas opera, procurando unidade na multiplicidade das vozes das ciências particulares, corresponde, direta ou indiretamente, um passo na elaboração de uma teoria da sociedade capaz de apresentar, com qualificação conceitual, um diagnóstico crítico do tempo presente. No decorrer de sua obra, o diagnóstico se altera, às vezes incisiva e mesmo abruptamente, com frequência por deslocamentos de ênfase; porém, o seu propósito é sempre o mesmo: reconhecer na realidade das sociedades modernas os potenciais de emancipação e seus obstáculos, buscando apoio em pesquisas empíricas e nunca deixando de justificar os seus próprios critérios.

Certamente, o propósito de realizar um diagnóstico crítico do tempo presente e de sempre atualizá-lo em virtude das transformações históricas não é, em si, uma invenção de Habermas. Basta se reportar ao ensaio de Max Horkheimer sobre "Teoria Tradicional e Teoria Crítica", de 1937, para dar-se conta de que essa é a maneira mais fecunda pela qual se segue com a Teoria Crítica. Contudo, se em cada diagnóstico atualizado é possível entrever uma crítica ao modelo teórico anterior, não se pode deixar de reconhecer que Habermas elaborou a crítica interna mais dura e compenetrada de quase toda a Teoria Crítica que lhe antecedeu – especialmente Marx, Horkheimer, Adorno e Marcuse. Entre os diversos aspectos dessa crítica, particularmente um é decisivo para compreender o projeto habermasiano: o fato de a Teoria Crítica anterior não ter dado a devida atenção à política democrática. Isso significa que, para ele, não somente os procedimentos democráticos trazem consigo, em seu sentido mais amplo, um potencial de emancipação, como nenhuma forma de emancipação pode se justificar normativamente em detrimento da democracia. É em virtude disso que ele é também um ativo participante da esfera pública política, como mostra boa parte de seus escritos de intervenção.

A presente Coleção surge como resultado da maturidade dos estudos habermasianos no Brasil em suas diferentes correntes e das mais ricas interlocuções que sua obra é capaz de suscitar. Em seu conjunto, a produção de Habermas tem sido objeto de adesões entusiasmadas, críticas transformadoras, frustrações comedidas ou rejeições virulentas – dificilmente ela se depara com a indiferença. Porém, na recepção dessa obra, o público brasileiro tem enfrentado algumas dificuldades que esta Coleção pretende sanar. As dificuldades se referem principalmente à ausência de tradução de textos importantes e à falta de uma padronização terminológica nas traduções existentes, o que, no mínimo, faz obscurecer os laços teóricos entre os diversos momentos da obra.

Incluímos na Coleção praticamente a integralidade dos títulos de Habermas publicados pela editora Suhrkamp. São cerca de quarenta volumes, contendo desde as primeiras até as mais recentes publicações do autor. A ordem de publicação evitará um fio cronológico, procurando atender simultaneamente o interesse pela discussão dos textos mais recentes e o interesse pelas obras cujas traduções ou não satisfazem os padrões já alcançados pela pesquisa acadêmica, ou simplesmente inexistem em português. Optamos por não adicionar à Coleção livros apenas organizados por Habermas ou, para evitar possíveis repetições, textos mais antigos que foram posteriormente incorporados pelo próprio autor em volumes mais recentes. Notas de tradução e de edição serão utilizadas de maneira muito pontual e parcimoniosa, limitando-se, sobretudo, a esclarecimentos conceituais considerados fundamentais para o leitor brasileiro. Além disso, cada volume conterá uma apresentação, escrita por um especialista no pensamento habermasiano, e um índice onomástico.

Os editores da Coleção supõem que já estão dadas as condições para sedimentar um vocabulário comum em português, a partir do qual o pensamento habermasiano pode ser mais bem compreendido e, eventualmente, mais bem criticado. Essa suposição anima o projeto editorial desta Coleção, bem como

Jürgen Habermas

a convicção de que ela irá contribuir para uma discussão de qualidade, entre o público brasileiro, sobre um dos pensadores mais inovadores e instigantes do nosso tempo.

Comissão Editorial

Antonio Ianni Segatto
Denilson Luis Werle
Luiz Repa
Rúrion Melo

Apresentação à edição brasileira
Jürgen Habermas, o intelectual público

Sérgio Costa[*]

Em que pesem os níveis diversos de acuidade e profundidade com que é lida e discutida nos diferentes contextos, pode-se dizer que a obra acadêmico-científica de Habermas faz parte, hoje, do cânone da filosofia e das ciências sociais brasileiras. Sua reflexão crítica sobre a técnica, as ideias mais gerais contidas em sua teoria da ação comunicativa, bem como alguns de seus postulados sobre a relação entre esfera pública, direito e democracia estão plenamente integrados aos currículos e ao vocabulário comum mínimo de filósofos e cientistas sociais brasileiros.

Já as atuações de Habermas como intelectual público, suas análises da conjuntura social e política, suas avaliações sobre o estado da democracia na Europa ou no mundo, a maior parte delas disponível apenas no idioma alemão, permanecem praticamente desconhecidas do público brasileiro. A presente

---

[*] Professor titular de Sociologia da Freie Universität Berlin.

edição em português da compilação mais recente das intervenções políticas de Habermas representa uma contribuição inestimável para reverter essa situação.

É preciso dizer que, no contexto alemão – e cada vez mais no âmbito europeu de maneira mais geral –, o intelectual público não é menos influente que o filósofo e cientista social. Há nada menos que cinco décadas, Habermas pauta o debate político alemão em questões-chave como memória histórica e democracia, reunificação do país, convivência intercultural e inter-religiosa, bioética, consolidação da União Europeia ou condições necessárias para a livre formação da opinião e da vontade política.

As intervenções do intelectual público mais breves e mais datadas são em geral veiculadas como artigos de opinião no semanário *Die Zeit*, publicado em Hamburgo e situado no centro do espectro político, bem como nos dois diários de maior reputação na Alemanha, o *Frankfurter Allgemeine Zeitung*, que circula em Frankfurt, de centro, e o *Süddeutsche Zeitung*, de Munique, um pouco mais – um pouco que é quase nada – à esquerda. As análises mais detalhadas são aquelas apresentadas em cerimônias públicas em geral dedicadas à entrega de prêmios e condecorações tanto ao próprio Habermas, que já recebeu praticamente todos os prêmios pertinentes da galeria de homenagens concedidas na Alemanha, quanto a outros agraciados. Nestas situações, Habermas é convidado a proferir a *laudatio*, termo em latim usado no vocabulário dos cerimoniais para identificar o discurso de homenagem ao laureado. Aqui, Habermas se vale, em geral, de vínculos entre a biografia do homenageado e questões candentes para tecer considerações sobre a história alemã ou fatos presentes, como mostram alguns capítulos deste livro. Estas intervenções públicas mais abrangentes irrompem também em eventos políticos como foi o caso, por exemplo, da palestra recente de grande impacto público sobre o futuro da Europa, proferida por Habermas na miniconvenção do Partido Social-Democrata (SPD) há alguns meses em Potsdam.[1]

Esses posicionamentos mais circunstanciados são, em geral, publicados de maneira resumida em jornais ou na íntegra em revistas de debates. Uma seleção desses textos é reunida pela Suhrkamp em uma coleção própria da qual o presente livro representa o número 12.

A linha de coerência que vincula o cientista social e o intelectual público Habermas é evidenciada não apenas pela continuidade entre as teses e as ideias defendidas nas duas órbitas, como também pela postura e pelo método de argumentação observados nos dois campos. Com efeito, a característica principal que marca sua obra científica, qual seja, a extraordinária capacidade de sistematizar e reconstruir as correntes e divisões existentes num campo determinado, de sorte a enquadrar de forma precisa e inequívoca sua própria posição, é também traço distintivo das intervenções políticas de Habermas.

Além disso, os pronunciamentos políticos do autor, mesmo os mais elegantes e eruditos, são transparentes e diretos: ele não hesita em indicar os pressupostos que o orientam, as consequências de longo prazo do que defende e quem são

---

[1] "Für ein starkes Europa" — aber was heißt das?, *Blätter für internationale und deutsche Politik*, mar. 2014, p.85-94, versões resumidas foram publicadas nos jornais *Le Monde*, *El País* e *La Repubblica*. [A versão em inglês pode ser lida neste endereço: http://www.feslondon.org.uk/cms/publications/details/in-favour-of-a-strong-europe-what-does-this-mean.html. – N. E.]

seus adversários naquela questão específica. Não esconde, por exemplo, o desprezo político que nutre pela todo-poderosa chanceler Angela Merkel, a quem considera "tacanha e desprovida de sentido de perspectiva",[2] nem sua indignação contra o premiê britânico David Cameron, afoito em promover "a liquidação neoliberal do Estado de bem-estar social".[3]

Obviamente não é trivial que um intelectual mantenha sua influência pública por mais de cinquenta anos seguidos. Menos usual ainda é que essa influência seja crescente num momento em que o intelectual já atingiu os 85 anos de idade. A qualidade da argumentação, a tenacidade de suas posições, a lucidez política que parece crescer com a idade explicam, em parte, a perenidade da presença de Habermas nos debates públicos. Há, contudo, uma outra razão que justifica sua persistente influência: como intelectual público, Habermas não tem nem herdeiros, nem sucessores – nem dentro da teoria crítica nem fora dela.

Tem razão Albrecht von Lucke[4] quando afirma que Habermas é o último representante de uma geração de pensadores que se formou e, ao mesmo tempo, contribuiu para construir a cultura de discussão pública consolidada na Alemanha nas décadas que se seguiram à Segunda Guerra Mundial. Juntamente com jornais e revistas que difundiam suas disputas, essa geração definiu o caráter da esfera pública que se estabeleceu no pós-

---

2 Cf. declaração de voto de Habermas ao SPD nas eleições parlamentares de 2013, Die Qual der Wahl, *Die Zeit*, n.37/2013.
3 Cf. p.183 do presente livro.
4 Von Lucke, Albrecht, Von Habermas zu Schirrmacher. Zur Lage des Intellektuellen in der Berliner Republik, *Blätter für deutsche und internationale Politik*, ago. 2014, p.83-93.

-guerra, um campo poroso e interessado em argumentos densos, em razões convincentes e polêmicas substantivas. A geração que veio depois, e que von Lucke vê representada paradigmaticamente pela figura de Frank Schirrmacher, influente coeditor do *Frankfurter Allgemeine Zeitung*, falecido precocemente aos 54 anos de idade em junho de 2014, é de outro caráter. Trata-se da geração de intelectuais midiáticos sem grandes convicções políticas, mas com enorme senso de oportunidade e que está dedicada não mais a construir bons argumentos e defendê-los publicamente, mas a se colocar pessoalmente em cena, valendo-se de alguma frase de efeito pronunciada num *talk show* e reverberada nas mídias sociais. Assim, ainda conforme von Lucke, na mesma medida em que o intelectual público do tipo Habermas buscava ser influente e construir a autoridade moral necessária para criticar os jogos escusos das elites no poder, o intelectual da era Schirrmacher não pretende construir autoridade e legitimidade, mas alcançar diretamente o poder que o cacife a entrar, ele mesmo, intelectual, no jogo dos mandatários.

A consistência e a coerência das posições defendidas por Habermas ao longo das várias décadas em que já dura sua influência pública são notórias. Variam-se os temas; não muda, no entanto, o interesse do intelectual pela preservação e ampliação de uma democracia enfática que permita a plena realização da soberania popular. A defesa da social-democracia e da respectiva solidariedade redistributiva de forma a amenizar ao menos as desigualdades sociais mais agudas parece ser igualmente, para o autor, inegociável. São estas também as posições defendidas no presente livro. Não obstante, deve-se notar que aqui possuem muito mais ênfase que trabalhos anteriores, Habermas procura refletir e incorporar as críticas ao capitalismo e mais especificamente à financeirização que se avolumaram na Alemanha (e naturalmente não só naquele país) desde 2008, acompanhando a crise econômica e seus impactos particularmente severos para a estabilidade do euro.

Os diagnósticos e as posições contidos nas contribuições reunidas neste livro podem ser diferenciados conforme o âmbito a que se referem, na medida em que, apesar de necessariamente articuladas, as análises desenvolvidas referentes à política alemã e à política europeia contêm especificidades. Na esperança de poder oferecer algumas chaves interpretativas a leitores brasileiros menos familiarizados com as correntes com as quais Habermas dialoga, busco reconstruir abaixo, de maneira resumida, os contextos aos quais se refere o autor nesses dois âmbitos.

Política alemã

O ponto de fuga que orientou e continua a balizar a análise da situação alemã desenvolvida por Habermas é a excepcionalidade histórica que culmina no holocausto. Desta perspectiva, preservar viva a memória das crueldades cometidas foi a precondição para a construção da democracia alemã na segunda metade do século XX. A memória ainda é o antídoto contra fantasias de grandeza como aquelas alimentadas, historicamente, pela euforia despertada pela reunificação do país ou pela atual hegemonia política e econômica assumida na Europa em crise. O arco de posições neste campo encontra-se tensionado entre, de um lado, a direita nacionalista – diga-se bem menos influente na Alemanha que na maior parte dos países que compõem a União Europeia – que sonha com poderes imperiais para uma Alemanha etnicamente homogênea e, de outro, os pacifistas radicais que defendem que a excepcionalidade histórica exige prudência política e abstinência militar. Essas posições não são meros tipos-ideais. Por trás delas há partidos, organizações, nomes e disputas observáveis – por assim dizer – a olho nu no cotidiano político do país. Nesses dias de agosto de 2014, a excepcionalidade histórica norteia as discussões domésticas sobre as crises internacionais na Ucrânia ou no Iraque. Enquanto a maioria dos ministros no âmbito do governo de coalizão formado pelos partidos democrata-cristãos – União Democrata-Cristã (CDU) e União Social Cristã (CSU) – e pelos sociais-democratas (SPD) defende a participação ativa da Alemanha nos conflitos internacionais, armando, por exemplo, os curdos para lutarem contra as milícias islâmicas no norte do Iraque, setores representativos da sociedade civil acreditam que as experiências militares desastrosas do passado desautorizam que a Alemanha participe até das chamadas missões humanitárias.[5]

É também o argumento da excepcionalidade histórica que, nesses dias difíceis de agosto, explica o silêncio dos intelectuais progressistas sobre os conflitos na faixa de Gaza. Como observa o sociólogo Ulrich Beck, a dificuldade dos intelectuais em distinguir entre judeus e o Estado de Israel torna difícil criticar ao mesmo tempo o "fanatismo do Hamas" e o "monomilitarismo de Israel", evitando igualmente a armadilha do antissemitismo. Na dúvida, os intelectuais se silenciam e se omitem de suas responsabilidades, do que discorda Beck: "Ora,

---

5 Esta é, por exemplo, a posição defendida pela influente teóloga protestante Margot Käßmann (*Der Spiegel*, 33 2014).

a obrigação legada pela ética do 'Nunca Mais' exige quebrar finalmente o silêncio".[6]

Habermas também parece acreditar que a excepcionalidade histórica implica prudência. Isso, todavia, significa não apenas reconhecer a culpa, mas, do mesmo modo, a "responsabilidade coletiva".[7] Ele condena, como faz mais de uma vez no presente livro, as tentativas de apagar o passado e "normalizar o presente" da Alemanha. Contudo, ao mesmo tempo, é contra a omissão política e mesmo militar em crises internacionais. A participação da Alemanha, governada na ocasião pela coalizão entre os partidos verde e social-democrata, nos combates junto às forças da Organização do Tratado do Atlântico Norte (Otan), na chamada Guerra do Kosovo, em 1999, representa um importante divisor de águas. À ocasião, Habermas, mesmo considerando que a inexistência de mandato da Nações Unidas (ONU) devesse permanecer uma excepcionalidade, defende, em artigo histórico publicado no semanário *Die Zeit*, que a intervenção fosse interpretada como um momento na "transição da política de poder clássica para um estágio cosmopolita".[8]

Pelo menos desde os anos 1990, Habermas parece identificar as ameaças e os desafios ao permanente aprofundamento da democracia alemã não nas fronteiras domésticas, mas nos processos de integração sistêmica nos âmbitos europeu e mundial. Os êxitos do Estado democrático de direito, consolidado nacionalmente no pós-guerra, devem-se, para o autor,

---

6 Beck, U., Globalisierung des Antisemitismus. Wie Nachbarn zu Hassobjekten werden. *Süddeutsche Zeitung*, 11/8/2014.

7 Cf. p.223.

8 Habermas, J., Bestialität und Humanität. Ein Krieg an der Grenze zwischen Recht und Moral, *Die Zeite* 18/1999.

à articulação de uma comunidade política autolegislada e um aparato administrativo vinculado à implementação, na forma de políticas e ações concretas, da vontade política constituída democraticamente. Não obstante, a intensificação da integração econômica, no âmbito global, e a multiplicação dos mecanismos informais de tomada de decisão, no nível supranacional, desfazem a superposição antes existente entre comunidade política e aparato administrativo, na medida em que as ações políticas nacionais são inócuas para responder às situações-problema de âmbito transnacional, como são as questões econômicas ou ambientais de maior alcance.

A estas dificuldades se associam as constrições impostas pela crise iniciada em 2008. Com a crise, Habermas corrige o diagnóstico feito ainda nos anos 1970, segundo o qual o Estado keynesiano com seus investimentos anticíclicos afastaria as crises econômicas. Neste caso, as tensões se deslocariam para o próprio Estado gerando uma "crise de legitimação".[9] Como mostra o autor, a presente crise econômica limita dramaticamente o espaço de ação democrática do Estado. Apoiando-se sobretudo nas análises de Wolfgang Streeck, um dos diretores do Instituto Max Planck de Investigação Social, sediado em Colônia, Habermas mostra que todas as ações políticas passam a ser norteadas pelo imperativo da consolidação das finanças tanto no plano nacional como europeu, inviabilizando a política como espaço de negociação cujos resultados devem apresentar um mínimo de abertura e imprevisibilidade. Assim, no limite, o esforço empreendido pelo Estado nacional para assegurar a estabilidade financeira estrangula o jogo democrático

---

9 Cf. p.179-180.

definindo os termos da tensão entre capitalismo – ao menos em sua forma financeirizada – e democracia, como consta já do título do capítulo IX deste livro.

Não obstante a concordância com as linhas gerais de seu diagnóstico, as lições que Habermas retira da crise são bastante diferentes – a rigor opostas – àquelas enumeradas por Streeck. Enquanto Streeck acredita que só o fim do euro e a reintrodução da moeda nacional na Alemanha – como em outros países que compõem a união monetária – permitirão conter o avanço do neoliberalismo transnacionalizado e, portanto, restaurar o espaço da política democrática no âmbito nacional, Habermas entende que é preciso apostar na democracia transnacional. Só assim poderá ser recomposta, não no âmbito nacional, mas no âmbito europeu, a correspondência entre o espectro territorial dos problemas contemporâneos e as arenas de ação política democrática.[10]

Europa

Habermas mantém e aprofunda em *Na esteira da tecnocracia* os argumentos desenvolvidos desde os anos 1990 em defesa da

---

10 Em resposta recente às críticas, Streeck afirma que Habermas não analisa com a devida profundidade as relações entre democracia e capitalismo: "Diferentemente de Habermas, eu acredito que não podemos falar seriamente sobre o futuro da democracia, na Europa e alhures, sem falar ao mesmo tempo de capitalismo. Em outras palavras, não é possível fazer teoria da democracia sem economia política". Cf. Streeck, W. Vom DM-Nationalismus zum Euro-Patriotismus. Eine Replik auf Jürgen Habermas, p.102. In: *Demokratie oder Kapitalismus? Europa in der Krise*, Berlim, Blätter Verlagsgesellschaft, 2013, p.87-104.

intensificação da integração europeia. Trata-se, basicamente, de diagnosticar e discutir as formas de superar os gargalos que impedem construir uma democracia pós-nacional apoiada não em uma federação à moda dos Estados Unidos da Europa, mas numa constituição europeia que preserve parte importante das competências atribuídas aos Estados nacionais, tanto como "poder constituído", quanto como "poder constituinte".[11] Mais que uma constituição, a democracia transnacional na Europa requer, para Habermas, também atores e espaços de formação da opinião e da vontade aptos a discutir temas e construir argumentos de alcance europeu, para além da arena nacional.

    Habermas entende que, na forma como atualmente se tomam decisões, seja por meio do Conselho Europeu que reúne os chefes de governo, seja através dos conselhos de ministros nos diferentes setores, os responsáveis são mandatários que não foram escolhidos ou legitimados pelas respectivas comunidades políticas nacionais para exercer tais funções no âmbito europeu. Ao mesmo tempo, os chefes de governo dependem do eleitorado nacional para se manter no poder e, por isso, tomam decisões no âmbito do Conselho Europeu não de acordo com a racionalidade da União Europeia, mas, defensivamente, conforme a lógica doméstica. A Comissão Europeia, por sua vez, não presta contas a um poder soberano claramente constituído; em suas funções executivas é um aparato tecnocrático completamente desacoplado dos processos de formação da opinião e da vontade política democrática. Diante deste diagnóstico, Habermas aposta que os impulsos democráticos, provindos de uma sociedade civil e de uma esfera pública articuladas

---

11 Ver p.108-110.

transnacionalmente e canalizadas, no plano da democracia representativa, por um Parlamento Europeu forte, deveriam ser os fundamentos para a construção da legitimidade democrática no âmbito europeu.

Para o autor, a crise do euro torna a democratização dos processos decisórios na União Europeia e o aprofundamento da integração política transnacional mais necessários do que nunca. É indispensável que a união monetária esteja ancorada numa "política europeia fiscal, econômica e social comum",[12] sem a qual os desequilíbrios entre os níveis de desenvolvimento econômico dos diferentes países-membros serão cada vez mais profundos, já que, sem moeda própria e num espaço sem barreiras alfandegárias, os países tecnologicamente menos avançados ficam sem instrumentos para proteger sua economia.

Não são poucos os adversários ao modelo de Europa fortemente integrada e enfaticamente democrática defendido por Habermas. Os inimigos mais evidentes são os populistas de direita que procuram transformar as ansiedades geradas pela crise do euro em argumento de defesa do retorno à moeda e aos valores nacionais. A retomada das moedas nacionais é, às vezes, defendida tanto por argumentos progressistas como faz Streeck, como também por razões supostamente técnicas, como faz a Alternativa para a Alemanha (AfD), partido que ganhou a adesão de muitos eleitores do Partido Democrático Liberal (FDP) e por muito pouco não atingiu os 5% de votos necessários para ser admitido no Bundestag, o parlamento alemão, nas eleições de 2013.

---

12 Cf. p.189.

Em suas convicções (neo)liberais, os políticos no novo partido AfD estão muito próximos de outros adversários que Habermas critica também com vigor, quais sejam, aqueles que defendem a integração europeia como mera supressão das barreiras para a circulação e acumulação de capital. O autor insiste com veemência na necessidade de domesticar politicamente os mercados de sorte a conter o agravamento das desigualdades sociais entre os diferentes países e cidadãos que compõem a União Europeia.

Com relação à inserção da Europa na política mundial é preciso dizer que, se não refuta explicitamente as formulações anteriores, *Na esteira da tecnocracia* confere à Europa uma posição bem mais modesta que aquela propugnada por Habermas nos anos 2000. Sob o impacto da invasão do Iraque pelos Estados Unidos, sem qualquer mandato da ONU ou da comunidade internacional, Habermas buscava contrapor, naquela ocasião, a política hegemônica norte-americana orientada exclusivamente pelo interesse em acumular poder a um núcleo europeu formado por França, Alemanha e os países Benelux, ao qual atribuía o papel de difundir os direitos humanos mundialmente, materializando, deste modo, as expectativas normativas da "sociedade civil mundial".[13] Essas expectativas contrastam com as dúvidas agora presentes de que a Europa possa, no "mundo pós-colonial", assumir, novamente, posição internacional de relevo, capaz de superar os impactos negativos sobre sua reputação produzidos pelo colonialismo e pelo holocausto, sobretudo quando se tem em vista a realidade do "continente

---

13 Habermas, J., *Der gespaltene Westen*. Frankfurt: Suhrkamp, p.52 et seq.

com uma população em encolhimento, com peso econômico decrescente e com significado político minguante".[14]

Cabe concluir esta breve apresentação com uma palavra sobre a qualidade da tradução brasileira. A versão de textos de qualquer natureza do alemão para o português é encargo espinhoso. A estrutura do idioma, sem gerúndio e com tantos substantivos compostos, leva a construções rígidas e demasiado formais. Quando se trata de textos que, além de conteúdos elaborados, transmitem também o calor e o ritmo das intervenções políticas próprias a um ambiente remoto e pouco conhecido dos leitores brasileiros, como é o caso do presente livro, produzir uma versão em português ao mesmo tempo bem calibrada e fiel ao original poderia parecer tarefa irrealizável. Não é, como a presente edição prova. Se não soubesse de antemão, o leitor provavelmente não se daria conta de que se trata de um livro escrito originalmente em alemão. O texto preserva a tessitura densa mas clara do livro original vertendo estes conteúdos em construções gramaticais que nos são muito familiares no português. Assim, a tradução facilita a compreensão das ideias transmitidas, sem roubar do leitor o prazer da leitura dinâmica e fluente.

Berlim, agosto de 2014.

---

14 Cf. p.132.

Prefácio

O número XII dos *Pequenos escritos políticos* dá ensejo a uma breve retrospectiva sobre o gênero dos textos reunidos nessa série. Os primeiros artigos provieram da segunda metade dos anos 1950, enquanto a série mesma só começou em 1980. O primeiro volume,[1] reunindo quatro números, continha análises, tomadas de posição, reflexões e diagnósticos de época que eu publicara durante as duas décadas e meia precedentes, em conexão com a reforma universitária, o movimento de protesto e a reviravolta da tendência. Essa retrospectiva servia a outra finalidade em relação aos sete volumes seguintes, que desde então foram aparecendo, cada um no intervalo de poucos anos. Sem tecer comentários, a reapresentação de publicações dos primeiros anos tinha um sentido apologético; eu queria me justificar perante as insinuações que perambulavam no clima acadêmico inflamado dos anos 1970. Além disso, com a escolha do título da série, queria marcar uma separação de papéis – a separação

---

1 Habermas, *Kleine Politische Schriften I-IV* [*Pequenos escritos políticos I-IV*; abreviados para *KPS* a seguir].

entre "intervenções" de um intelectual e o trabalho científico do professor. Tentei prosseguir de maneira consequente essa estratégia de publicação nas décadas seguintes – embora sem o êxito intencionado. Essa circunstância talvez toque em um problema universal: visto que as profissões científicas não aceitam aquela separação de papéis, os cientistas temem o preço de um engajamento público que toma partido, preferindo ocupar-se, quando querem atuar praticamente, com o papel de conselheiro como *expert* – aliás, de modo algum desprezível.

"Completar a dúzia" – esta é normalmente uma expressão de alívio na conclusão de um projeto. No meu caso, pode-se falar de término, mas não de conclusão aliviante. Pois esse tipo de prática de importunar publicamente não tem uma meta; ela se esgota na tentativa de subsidiar, com argumentos e sem convite, o processo contínuo de formação da opinião pública.

Na variedade folhetinesca de artigos para os *Pequenos escritos políticos*, a atualidade dos temas abordados e a presença pública dos contemporâneos apresentados formam um fio vermelho. Desse modo, o gênero de texto muda com os ensejos. O espectro vai das contribuições para discussões e entrevistas, passa pelos elogios, discursos de jubileu e recebimento de prêmios, até chegar às resenhas, conferências e diagnósticos de época, filosóficos ou de teoria social, portanto, até chegar a contribuições que não se distinguem, no estilo, de meus trabalhos científicos e só aparecem nesse lugar por conta da referência a um tema atual.[2] Sem dúvida, publiquei na Suhrkamp duas cole-

---

2 No caso de vários ensaios, eu lamento que não tenham encontrado uma entrada nos discursos científicos usuais por conta do local de publicação. Isso não concerne somente aos ensaios que retomei na

tâneas de ensaios de caráter semelhante por causa da pretensão científica dos estudos que dão os títulos, mas não os retomei na série dos *Pequenos escritos políticos*.³

Graças a uma certa fixação do olhar sobre a cena nacional, a série em seu todo espelha os traços pregnantes da última meia década da história da mentalidade alemã. O *basso continuo* se forma pelo conflito em torno da autocompreensão normativa, primeiro da antiga, depois da ampliada República Federal Alemã. Cada volume em particular circunda um tema especial, tirado da ordem do dia. A sequência desses temas começa com a reforma universitária dos anos 1950 e 1960 e aquele antagonismo entre o movimento de protesto e a reviravolta de tendência que vai longe nos anos 1970, e que um sarcástico Herbert Marcuse descreveu como contrarrevolução e revolta.⁴ Seguem-se os anos

---

"edição para estudos" (*Philosophische Texte. Studienausgabe in fünf Bänden*; cf. v.1/7; v.3/3; v.4/3, 5 e 10, v.5/12). Isso também vale, por exemplo, para os ensaios Umgangsprache, Bildungssprache, Wissenschaftssprache (*KPS I-IV*, p.340-363), para a clarificação do conceito de "desobediência civil" (*KPS V*, p.79-99), para a interpretação do papel de Heinrich Heine como intelectual (*KPS VI*, p.25-54), para os detalhamentos sobre o patriotismo constitucional nos "limites do neo-historicismo" (*KPS VII*, p.149-156), sobre símbolo e rito (Symbolischer Ausdruck und rituelles Verhalten, *KPS IX*, p.63-81), sobre questões de uma identidade europeia (Ist die Herausbildung einer europäischen Identität nötig und ist sie möglich?, *KPS X*, p.68-82), e sobre a política europeia em geral (Braucht Europa eine Verfassung?, *KPS IX*, p.104-129; Europapolitik in der Sackgasse. Plädoyer für eine Politik der abgestuften Integration, *KPS XI*, p.96-127).

3 Habermas, *Die Postnationale Konstellation* [*A constelação pós-nacional*]; id., *Sobre a constituição da Europa*.
4 Marcuse, *Konterrevolution und Revolte*.

1980, com a resistência não violenta do movimento juvenil ecológico, o retorno das questões sobre a identidade nacional, que se acreditava estarem superadas, e a assim chamada "querela dos historiadores". O divisor de águas histórico representado pela revolução recuperadora de 1989-1990 desencadeia uma guinada narcisista da nação acerca de seu "passado duplo", e também confrontações sobre os déficits dos processos de unificação. As fronteiras abertas com a sequência das correntes migratórias e com os abrigos para asilados em chamas forçam à revisão do *slogan* "Não somos um país de imigração", afirmado já há muito tempo contra os fatos.[5]

No quadro da nova República de Berlim, voltam a emergir antigos desejos de "normalizar" as condições alemãs. Ao mesmo tempo, a situação política mundial alterada e a globalização incipiente da economia presenteiam a uma Alemanha maior um espaço de ação ampliado, em uma Europa que se torna menor em comparação com potências ascendentes. De repente, governos alemães surpresos têm de tomar as próprias posições, tanto no interior da Europa, como também na concorrência entre as potências mundiais. Esses problemas se tornam mais agudos durante o último decênio. Depois do 11 de setembro de 2001, a Guerra do Iraque e a divisão do Ocidente desencadeiam um debate que liga as questões de uma nova ordem política mundial com as questões sobre a unificação europeia e sobre a autocompreensão nacional. Na sequência da crise dos bancos e das dívidas públicas, que repercute na economia real, a questão da possibilidade de reformar um capitalismo

---

5 Cf. a respeito também: Habermas, *Vergangenheit als Zukunft – Das alte Deutschland im Neuen Europa?*

impelido pela dinâmica do mercado financeiro se entrelaça com o desafio de efetuar um passo qualitativamente novo rumo a um Núcleo Europeu politicamente unido. Essa circunstância explica por que os assuntos europeus, que me inquietam desde a reunificação,[6] continuam a aparecer – depois de *Ah, Europa* – também nesse volume de *Pequenos escritos políticos*, provavelmente o último.

Como de hábito, esse tema atual, tratado nas seções II e III, é complementado por artigos que vão além da atualidade do dia. Os três primeiros textos retomam, com a relação de judeus e alemães, um tema que toca nos nervos mais sensíveis de nossa autocompreensão política, ao passo que a seção IV continua a série de discursos de agradecimentos e de elogios, sobretudo de instantâneos de amigos e colegas, surgidos nessas ocasiões.

Também este volume foi beneficiado pelo trabalho de revisor bem-informado, sensível e cuidadoso de Heinrich Geiselberger. Essa circunstância desperta minha má consciência. Por isso, gostaria de reparar, ao final de contas, o agradecimento que devo a ele e a seus predecessores Raimund Fellinger e Günther Busch, desde que meu primeiro volume apareceu na edição Suhrkamp, há 45 anos.

Starnberg, abril de 2013
Jürgen Habermas

---

6 Id., Staatsbürgerschaft und nationale Identität [1990], p.632-660, p.643 et seq.

I
Judeus alemães, alemães e judeus

1
Filósofos e sociólogos judeus como regressados à antiga Alemanha Ocidental. Uma recordação[1]

Nessa ocasião, não posso realizar uma contribuição para a pesquisa sobre o exílio, mas somente selecionar algumas recordações, a partir da perspectiva de uma testemunha da época. Os emigrantes judeus tornaram-se professores insubstituíveis para uma geração mais jovem, após o retorno à pátria que os expulsara. A constatação dolorosa de Gershom Scholem de que a assim chamada "simbiose judaico-alemã" foi uma *mésalliance* é correta, sociológica e politicamente; ela ilumina uma assimetria no dar e receber de ambos os lados, sempre denegada. Uma tal assimetria prossegue também com minhas linhas; pois falo da perspectiva de um usufruidor, sem adentrar nas experiências dos próprios regressados, que tiveram de arranjar-se no clima de um ressentimento, em parte hostil, e de um silêncio, em

---

[1] Palestra por ocasião de um colóquio a respeito do tema "Vozes judaicas no discurso dos anos 1960", organizado pela Cátedra de História e Cultura Judaica da Universidade de Munique.

parte comunicativo por ser perplexo, a respeito do assassinato em massa, que datava de poucos anos.[2]

Todavia, desde os dias de Moses Mendelssohn, os judeus desdobraram na filosofia alemã uma criatividade tão incomparável, que os interesses de um e de outro lado acabaram se amalgamando no próprio espírito objetivo. Quando, por ocasião da celebração da Constituição em 11 de agosto de 1928, Ernst Cassirer defendeu os fundamentos da democracia de Weimar, ligados ao direito racional, contra seus detratores, ele sorveu nas fontes do Esclarecimento europeu; e também quando, um pouco mais tarde, em março de 1929, na cidade de Davos, susteve uma controvérsia com um Heidegger já anti-humanista. Assim, o pano de fundo judaico de autores como Husserl, Simmel, Scheler ou Cassirer não iria significar uma diferença *filosoficamente* relevante, mesmo para um estudante que em 1949 chegou à universidade com uma consciência mais ou menos clara do peso histórico de Auschwitz.

O que fez uma diferença, na época, para nós, foi a bifurcação dos destinos políticos daqueles filósofos expulsos que regressavam. A percepção do destino de emigrante de Karl Löwith ou Helmuth Plessner, cujos livros líamos nos seminários de Bonn, ao lado daqueles de Hans Freyer e Arnold Gehlen, é a chave para compreender o significado eminente que filósofos judeus obtiveram, na antiga Alemanha Ocidental, para o processo de formação de alguns membros de minha geração e de muitos da geração seguinte. Por conta da ruptura com a civilização, nós

---

2 Nesse meio-tempo, em seu romance *Landgericht* [Tribunal de província], Ursula Krechel descreveu de maneira impressionante um dos destinos de um judeu regressado ao lar, e isso no exemplo de um diretor desconhecido de tribunal de província.

nos tornamos desconfiados em relação ao elemento especificamente alemão nas profundezas [*Tiefe*] das tradições alemãs, ou melhor, em seu baixio [*Untiefen*]. Ao menos intuitivamente, era-nos claro o seguinte: quem mais, se não eles, que foram "racialmente eliminados", ao passo que seus colegas continuaram sãos e salvos, poderia ter constituído uma sensibilidade mais aguçada para os elementos sombrios existentes nas melhores de nossas tradições moralmente corrompidas?

Os poucos que regressaram

A maioria dos emigrantes se decidiu pelo regresso, dado o caso, durante os primeiros anos da refundação da República. Assim, entre 1949 e 1953, voltaram do exílio os filósofos Theodor W. Adorno, Max Horkheimer, Helmut Kuhn, Michael Landmann, Karl Löwith e Helmuth Plessner, em direção a Frankfurt, Erlangen ou Munique, Berlim, Heidelberg e Göttingen. Entre eles, no começo dos anos 1950, sobretudo Karl Löwith e Helmuth Plessner ganharam uma influência que ia além de seus locais imediatos de atuação. Com sua crítica ao pensamento da filosofia da história inspirado pela história da salvação, é possível que Löwith tenha fortalecido alguns dos repatriados de guerra entre os estudantes, inclusive na rejeição deles às ideias de 1789; mas a leitura de *Weltgeschichte und Heilsgeschehen* [História universal e evento salvífico] despertou em todos os estudantes, sobretudo, uma desconfiança salutar em relação ao papel de metafísica substituta desempenhado pelas suposições de fundo da filosofia da história. A outra grande obra, *De Hegel a Nietzsche*, espelha ainda os interesses do Löwith mais jovem pelo *indivíduo no papel de próximo*. Fiquei tão impressionado com ela que acabei acrescentando em minha dissertação posteriormente, isto é, após o acabamento da parte principal, um capítulo introdutório sobre os jovens hegelianos.

Antes da emigração, Helmuth Plessner fizera parte, juntamente com Max Scheler, dos fundadores da antropologia filosófica; para nós estudantes, mesmo as obras mais antigas, sobretudo *Die Stufen des Organischen und der Mensch* [As etapas do orgânico e o homem], bem como os estudos sobre *Lachen und Weinen* [Rir e chorar], continuaram a ter uma atualidade irredutível. A ideia de "posicionalidade excêntrica" contrapunha ao institucionalismo autoritário de Gehlen um conceito de homem voltado para a civilização, para a indulgência e o tato recíproco. No claro-escuro do início da era Adenauer, o livro de Plessner, *Die Verspätete Nation* [A nação atrasada], possuía, como no geral seus trabalhos histórico-políticos, algo de libertador – de modo característico, eram os *Frankfurter Hefte*, cadernos católicos liberais e de esquerda, que me convidavam para resenhar esses escritos.

Um caso especial foi Ernst Bloch, que já em 1949 havia retornado a Leipzig, mas que, se lembro bem, não desempenhou nenhum papel digno de menção nas discussões da antiga Alemanha Ocidental. O autor do livro *Geist der Utopie* [O espírito da utopia], esquecido na época, voltou a ser contemporâneo entre nós, em termos literários, só depois da publicação de *O princípio esperança*. Aliás, nenhum de seus autores "científicos" foi tão venerado por Siegfried Unseld como Bloch. Suas obras rapsódicas só encontraram um eco mais amplo no empuxo do movimento estudantil. Retrospectivamente, pode-se dizer talvez que o marxismo de cunho expressionista de Bloch sobreviveu como um documento persistente da história da época e da literatura, porém, nos limites da profissão, deixou vestígios muito pouco duradouros.

Os emigrantes mencionados lecionaram todos em universidades alemãs ou de língua alemã antes de 1933. Seu regresso nem sempre se efetuou, porém, sem atritos. Por exemplo, os sociólogos Julius Kraft, Gottfried Salomon-Delatour e Alphons Silbermann retomaram o ensino nas Universidades de Frankfurt e Köln só em 1957 e 1958, no curso da "reparação". Norbert Elias, sociólogo e discípulo de Mannheim, lecionou em Leicester e na Universidade de Gana, em Acra, e só se estabeleceu em Amsterdã, em 1975, após seu título de professor emérito. A partir dali ele encontrou um séquito entusiasmado – e ao mesmo tempo um eco vivo também para além das fronteiras da disciplina –, sobretudo com a edição de bolso, publicada em 1976, de sua obra principal *O processo civilizador*, criada nos anos 1930, portanto, só com 79 anos de idade. Alfred Sohn-Rethel, economista e teórico da sociedade, que também só com 79 anos se tornou professor, em Bremen, no ano de 1978, e o filósofo Ulrich Sonnemann, que em 1974 conseguiu obter um professorado em Kassel, permaneceram *outsiders* acadêmicos. Na época, ambos se tornaram autores *cult* nos câmpus. Günther Anders, filho do conhecido psicólogo do desenvolvimento William Stern e ex-marido de Hannah Arendt, era filósofo por origem. Ele se promovera junto a Husserl e retornou já em 1950 a Viena, mas sem poder novamente assumir cargos nas universidades de língua alemã. Todavia, como ensaísta e escritor crítico da época, em especial com suas considerações a respeito da "era atômica" no âmbito da antropologia filosófica, ele alcançou temporariamente uma grande influência jornalística.

Jürgen Habermas

O regresso dos não regressados

Portanto, foram relativamente poucos os filósofos que retornaram de modo geral. Considerando da perspectiva da história da recepção, muitas vezes a influência intelectual dos emigrantes que não regressaram *in persona* foi até maior. A durabilidade da influência póstuma de Ludwig Wittgenstein, que morreu em 1951 e alcançou reconhecimento filosófico mundial com suas *Investigações filosóficas*, só se compara com a amplitude da influência literária e pública, totalmente diferente, de Walter Benjamin. Após a guerra, Benjamin havia caído no passado na Alemanha. No destino desse desaparecido, pode-se medir de maneira exemplar a violência fatal de um exílio capaz de apagar da memória cultural de uma nação os vestígios da reminiscência. Em nenhum outro caso, a não transparência e a exaltação rigorosa de uma história de vida inconstante e a ironia trágica de uma morte voluntária e involuntária, a poucos metros da porta para a liberdade, foram transmitidas tão imediatamente para a história de sua recepção.

Nos limites da profissão, foi sobretudo Wolfgang Stegmüller quem continuou com sucesso a tradição do Círculo de Viena. O empirismo lógico predominou por essa época também em importantes *philosophy departments* estadunidenses. Ao lado de Rudolf Carnap e Carl Gustav Hempel, a leitura de Alfred Tarski, Herbert Feigl, Otto Neurath, Friedrich Waismann e Victor Kraft, nos anos 1960 adentro, era também uma obrigação para aqueles entre nós aos quais essa dieta filosófica não era aplicada desde o berço. Em contraposição a isso, se vejo bem, Hans Reichenbach, falecido já em 1953, só conseguiu influência na Alemanha por meio da obra de seu discípulo

Hilary Putnam. Por fim, a obra de Karl Popper obteve um significado sobressalente graças à mediação de Hans Albert. Sua *Lógica da investigação*, de 1934, tornou-se importante, em especial para as ciências sociais, desempenhando ali um papel central até hoje nos debates metodológicos.

Como solitários influentes, eu gostaria de mencionar finalmente Hannah Arendt, Hans Jonas, Leo Strauss e Gershom Scholem.

Como filósofa, Hannah Arendt só despontou, também nos EUA, no ano de 1958, com seu livro *A condição humana*. Eu mesmo devo a esse livro, em especial ao modelo descrito da esfera pública grega, estímulos essenciais para *Mudança estrutural da esfera pública*, no qual trabalhava então. A leitura foi importante para mim também por uma outra razão: com esse livro, eu tinha em mãos uma contraprova dupla para um preconceito acadêmico que meu professor Erick Rothacker repetira nos seminários, ainda no começo dos anos 1950. Segundo ele, os "judeus e as mulheres" não poderiam chegar a ser senão "estrelinhas de segunda ordem" na filosofia. Hannah Arendt encontrou uma ampla atenção na Alemanha Ocidental, no empuxo do movimento estudantil e depois dele. Nessa revolta, ela mesma se interessou menos pelo espectro das linhas de esquerda do que pelo modo do movimento mesmo – era a política na efetuação da ação comunicativa o que a fascinou. Sua filosofia política é hoje um componente firme da grade curricular.

A obra filosófica rigorosa de Hans Jonas só foi recebida na Alemanha, infelizmente, de maneira seletiva. Jonas teve um êxito tardio no empuxo do movimento ecológico, com seu livro *O princípio responsabilidade*. Sua primeira obra sobre a gnose foi apreciada na discussão teológica, mas seus trabalhos em antropologia filosófica aguardam ainda uma recepção de alcance maior e mais produtiva.

Entre nós, a filosofia política de Leo Strauss, que nos EUA teve efeitos sobre um grande número de discípulos produtivos, visivelmente por meio da influência de professores acadêmicos impressionantes, não conheceu uma recepção análoga. Strauss ressuscitou o direito natural clássico, colocando-o em posição contrária ao direito racional moderno. Abstraindo uma exceção famosa como Wilhelm Hennis, que tornou fecunda a reabilitação do direito natural para sua teoria do governo, Strauss desfrutou entre nós, já durante sua vida, antes o *status* de um clássico respeitado mas pouco utilizado. Com a edição meritória das obras de Strauss, feita por Heinrich Meier, e com a localização, em termos de história das ideias, do autor Strauss na rede intelectual dos tempos de Weimar, pode ser que isso se altere.

Gershom Scholem manifestou-se na Alemanha como o verdadeiro executor testamentário de seu amigo Walter Benjamin. Porém, não só por suas interpretações de Benjamin e suas tomadas de posição na política histórica, não só pela própria obra da vida científica acerca da mística judaica, ele foi único ao presentificar o elemento genuinamente judaico no destino e na produtividade cultural dos judeus alemães. Esse elemento se incorporou de modo impressionante em sua própria pessoa – como também na prosa sem máculas de suas lembranças de vida. Scholem desfrutou a autoridade dos "judeus judaicos". Para mim, a leitura de *Die jüdische Mystik in ihren Hauptströmungen* [A mística judaica em suas principais correntes] encerrava uma grande surpresa. Na época, ela me ensinou sobre os surpreendentes paralelos que existem entre o ideário e imaginário da mística protestante de um Jakob Böhme, por um lado, e a cabala judaica de Isaak Luria, que morreu em 1572 em Safed, por outro.

A influência no interior da academia

Essa enumeração de nomes não oferece ainda nenhuma imagem sobre a dinâmica da influência inédita das vozes judaicas no meio de uma universidade insegura e apoucada, e em uma esfera pública política que foi marcada na antiga Alemanha Ocidental pela vontade de reconstrução agressiva e desprovida de história e pela mentalidade, dura como cimento, de um anticomunismo recalcitrante. Com algumas palavras-chave, vou abordar de início a influência na academia, depois na esfera pública. Tendo em vista as condições internas à universidade, eu me oriento, *grosso modo*, por "escolas", as quais – diferentemente de hoje – podiam ser reconhecidas ainda com clareza em disciplinas como a filosofia e a sociologia, durante as primeiras décadas do pós-guerra.

Na filosofia, pelos fins dos anos 1950, delinearam-se três correntes de tradição com pesos desiguais. A corrente ampla da fenomenologia e da hermenêutica, que atravessa a época do nazismo, foi, ontem como hoje, decisiva para a organização da esfera pública especializada e para o recrutamento da nova geração. Nesse receptáculo, existia uma grande continuidade pessoal; a adaptação hesitante dos ex-nazistas e sequazes não foi aqui menos deprimente do que na maioria das outras disciplinas. Amplamente desonerado em termos políticos, Hans-

– Georg Gadamer, quem os russos empossaram em Leipzig como primeiro reitor, representava uma abertura liberal nesse campo, que era em si mesmo heterogêneo, de qualquer forma. Ele trouxe seu amigo Karl Löwith do exílio e editou, junto com um outro emigrante regressado, Helmut Kuhn, a *Pilosophische Rundschau* [Panorama filosófico], a principal revista especializada na época. De gênero muito desigual eram as outras duas correntes, em concorrência entre si: a Teoria Crítica – uma figura do marxismo hegeliano desenvolvido nos anos 1920 com base na sociologia da burocracia de Max Weber –, por um lado, e a Teoria Analítica da Ciência, por outro. Os emigrantes judeus eram representativos nas duas escolas, mas na profissão não tinham maiores influências de início.

No essencial, a Teoria Crítica se concentrara no Instituto de Pesquisa Social de Frankfurt, e em última instância, na pessoa de Adorno. A primeira apresentação oficial de Adorno na esfera pública especializada, durante o VII Congresso Alemão de Filosofia em 1962, na cidade de Münster, foi ilustrativa do *status* diminuto desse grupo. As duas principais conferências sobre o tema do congresso, "A filosofia e a questão do progresso", foram proferidas por Adorno e Löwith, portanto, por dois eruditos judeus. Não chama a atenção que os dois oradores tenham variado o tema, como era de esperar, em contraponto, um falando sobre a "fatalidade do progresso", e o outro, sobre o "progresso" de maneira afirmativa, sem delongas. Digno de nota foi o estilo que destacou o intelectual Adorno em meio à reunião da corporação – a pretensão literária do texto lido e a apresentação não convencional provocaram irritações no círculo. Após o término da conferência, Adorno fez – como o virtuose perante o público – uma reverência um pouco profunda demais; nada poderia ter revelado de maneira mais dolorosa a estranheza que ele causava entre os colegas professores.

Nesse isolamento se espelhava igualmente a distância, ainda existente na época, entre a universidade e o palco da esfera pública midiática. Pois, nesse palco, de maneira consideravelmente ultrapassada segundo os critérios de hoje (ou seja, mediante conferências radiofônicas e artigos no *Frankfurter Allgemeine Zeitung* e na *Merkur*, em seguida também pelas publicações na edição Suhrkamp), Adorno atingiu um público de cultura geral, mas, sobretudo, professores ginasiais, estudantes universitários e colegiais. Da perspectiva da história da recepção, é possível observar aí o abismo que se abria entre o tom reformista, francamente social-democrata, do pedagogo popular e o pensamento sobre a totalidade do filósofo Adorno, escuro como um breu. Um escrevia sobre a "Ferida Heine" e sobre o tema "O que significa elaborar o passado", o outro trabalhava, em solidão e com liberdade, na *Dialética negativa* e na *Teoria estética*, só publicado postumamente.

Com a filosofia analítica, as coisas de modo algum se passaram melhor – embora de outra maneira. Em termos institucionais, ela estava debilmente ancorada, e por fim só se impôs, no centro da disciplina, não imediatamente, mas passando pelo meandro de uma apropriação da semântica de Frege mediada pela fenomenologia. Nesse aspecto, a par dos ensaios de Günther Patzig, era importante a obra de Ernst Tugendhat, sobretudo. Hoje, a escola analítica determina, com seus padrões, a argumentação na disciplina inteira; nessa medida, com os bons ventos oriundos dos EUA e da Grã-Bretanha, ela até mesmo venceu a concorrência entre as escolas no curso dos anos 1970, anulada nesse meio-tempo.

As coisas se passaram de maneira diferente na sociologia, que, depois de seus representantes especialistas terem sido expulsos em parcelas consideráveis, precisou se reconstruir primeiramente com o auxílio dos emigrantes regressados: com o etnólogo Emerich K. Francis, um conhecido católico de origem judaica, em Munique, com Helmuth Plessner em Göttingen, com René König em Köln, e com Horkheimer e Adorno em Frankfurt. Em Münster e no Centro de Pesquisa Social em Dortmund, junto com Hans Freyer e Arnold Gehlen, um Helmut Schelsky cientificamente produtivo incorporava, tanto no aspecto pessoal quanto no objetivo, uma continuidade da disciplina que atravessou o período nazista. Nessa constelação, o pano de fundo histórico da época era presente a todos os participantes; por isso, as confrontações científicas tinham também conotações políticas desde o início.

Diferentemente da filosofia, o Instituto de Pesquisa Social, no qual Horkheimer instituiu um programa de estudo com diploma para sociólogos, formava um polo em pé de igualdade no triângulo pleno de tensão formado por "Köln – Münster – Frankfurt". De acordo com minhas lembranças, durante as primeiras décadas do pós-guerra, as confrontações essencialmente internas à disciplina se desenrolaram nesse campo de tensão intelectual. Acresce que foi significativa da influência decisiva de emigrantes judeus uma controvérsia que se seguiu à discussão, cordial na forma, entre Adorno e Popper durante a reunião de trabalho da Sociedade Alemã de Sociologia, em 1961, na cidade de Tübingen; mas já por causa desses proponentes, a assim chamada "querela do positivismo" não se desenvolveu ao longo das frentes mencionadas, que se enraizavam em biografias políticas.

Dois irradiadores

Para reconhecer as dimensões da influência pública dos emigrantes judeus, é preciso lançar um olhar para além dos muros da universidade. Todavia, no meio difuso da esfera pública, os indicadores pelos quais alguém poderia se orientar são muito mais obscuros do que *intra muros*. Por isso, limito-me a mencionar dois eventos que retrospectivamente considero irradiadores de impulsos bem-sucedidos na cultura política da Alemanha. Não posso denegar o impacto subjetivo dessa avaliação quando ressalto dois acontecimentos acadêmicos: em primeiro lugar, a série de preleções que ocorreram em 1956, por ocasião do centésimo aniversário de Sigmund Freud, paralelamente nas Universidades de Frankfurt e Heidelberg, e, em segundo lugar, o informe de Herbert Marcuse sobre o Congresso de Sociologia Alemã em Heidelberg, no semestre de verão de 1964. De acordo com a minha sensação, a relevância desses dois eventos vai além do aspecto meramente biográfico de minhas impressões pessoais.

Max Horkheimer, juntamente com Alexander Mitscherlich, convidara a elite internacional da psicanálise, oriunda dos EUA, da Inglaterra e da Suíça, para um ciclo de conferências. As conferências brilhantes de René Spitz, Erik Erikson, Michael Balint, Ludwig Binswanger, Gustav Bally, Franz Alexander e outros irromperam sobre a antiga Alemanha Ocidental como uma torrente vinda de um mundo estranho. Assim as coisas pareciam, em todo caso, a partir da perspectiva de um jovem homem que durante seus estudos só conhecera Freud a uma distância nebulosa, e como nome para um moleque de rua das ciências. Para poder compreender a excitação intelectual entre os ouvintes, é preciso trazer à memória que, na época, a psicanálise se encontrava em plena florescência científica e, internacionalmente, era reconhecida como disciplina-chave para a explicação das questões antropológicas e psicossociais, e também de questões políticas, no sentido mais amplo. Estímulos espirituais não têm, naturalmente, efeitos imediatos. Mas, desde então, os argumentos psicanalíticos penetraram nos discursos públicos, formando um fermento importante no processo tenaz de recordação de uma sociedade alemã que pela primeira vez aprendia a se confrontar com seu passado, ainda "recente" naquela época.

De resto, a série de eventos se fechou com duas conferências de um filósofo sobre "A ideia de progresso à luz da psicanálise", as quais me eletrizaram como quase nenhuma outra conferência, antes ou depois. Na época, via pela primeira vez Herbert Marcuse, que apresentou as ideias de seu livro *Eros e civilização*, ainda não publicado. Eu havia começado meu trabalho no Instituto só dois meses antes, e, oriundo de seu passado esquecido, assaltou-me, inesperadamente e sem voltas dialéticas, um espírito presente e vital. A imagem que guardamos de Marcuse dos tempos engajados do movimento estudantil ofusca, de maneira inteiramente injusta, a qualidade do cientista, o qual havia desfrutado de uma formação filosófica sólida junto a Heidegger, em Freiburg. No círculo dos frankfurtianos "antigos", Marcuse era aquele que se atinha a critérios científicos convencionais em suas investigações filosóficas. O livro *Razão e revolução*, surgido no início dos anos 1940 – de certa maneira em paralelo com o *De Hegel a Nietzsche*, de Löwith –, é o melhor exemplo disso. Sem essa qualidade científica, mesmo oito anos depois, com sua conferência sobre "Industrialização e capitalismo", Marcuse não poderia ter encontrado entre os mais jovens o eco que lhe coube para mim no nosso contexto da história de recepção.

No Congresso de Sociologia de Heidelberg, no ano de 1964 – assim veem muitos observadores em retrospectiva –, Max Weber foi instaurado de certa maneira como clássico. Seja como for, esse encontro dos heróis da disciplina, como Talcott Parsons, Raymond Aron e Herbert Marcuse, que proferiram as conferências principais, foi de todo modo um evento de alto nível intelectual, em meio à sociologia alemã integralmente reunida. No centro se encontrava, mais uma vez, uma controvérsia mantida no essencial por emigrantes judeus – entre Herbert Marcuse, de um lado, e Reinhard Bendix, argumentando de maneira afiada e apoiado por Parsons e Benjamin Nelson, de outro. Lembro que o ano de 1964 coincidiu com a época de incubação do movimento estudantil. Naquele momento, ninguém falava ainda de "capitalismo", o termo predileto era "sociedade industrial avançada". Na edição Suhrkamp foram publicados os primeiros títulos de Adorno, mas nenhum ainda de Marcuse. Na Liga Estudantil Alemã Socialista, os ativistas não dominavam ainda, mas sim os estudantes mais engajados e mais brilhantes da disciplina. Não sei quantos deles ouviram então, pela primeira vez, o "seu" Marcuse.

Marcuse caminhou meticulosamente ao longo dos textos de Weber a fim de deixar a descoberto o núcleo paradigmático silenciado da antiga Teoria Crítica – um marxismo weberiano que prometia revelar o nexo interno entre racionalidade formal, dominação e capitalismo. Em todo caso, sentado no público, eu percebi como esse exercício hermenêutico soltava centelhas sobre as jovens cabeças – mais ou menos como sucedera comigo mesmo nas conferências sobre Freud. Não importa como se avaliam hoje as ambivalências do efeito público de Freud, Marx, Weber, Marcuse; nos dois eventos mencionados, condensava--se a modalidade daquela influência dificilmente tangível e extremamente indireta que em raros instantes um trabalho científico, traduzido para o elemento intelectual, é capaz de possuir nos discursos públicos.

Naturalmente, seria preciso de investigações empíricas mais cuidadosas para examinar a generalização subsequente que só posso apoiar em minha própria experiência de vida: de acordo com minha impressão, a cultura política da antiga Alemanha Ocidental deve seus progressos hesitantes na civilização de suas atitudes gerais, em uma boa parte, talvez a parte decisiva, aos emigrantes judeus. Sobretudo, ela deve esse percurso feliz àqueles que foram generosos o suficiente para regressar ao país do qual foram expulsos. Com eles, uma, duas gerações "sem pai" em termos acadêmicos aprenderam como distinguir, em uma herança espiritual corrompida, as tradições dignas de ser prosseguidas.

2
Martin Buber – a filosofia do diálogo no contexto histórico de sua época[1]

Em 24 de novembro de 1938, Martin Buber, emigrado para Israel no último minuto, escreve a seu amigo Ludwig Strauß: "Segundo um comunicado de Frankfurt, redigido de maneira obscura, de acordo com a situação, nossas posses todas em Heppenheim parecem estar destruídas".[2] Os *pogroms* de novembro marcam decerto o corte mais profundo na longa e produtiva biografia de Buber. Os outros 27 anos de sua vida em Israel certamente também pesaram no segundo prato dessa balança biográfica. Mas o sexagenário Martin Buber já era uma figura mundialmente célebre quando alcançou o litoral salvador. Nesse momento, já podia olhar para trás, para uma vida rica em um ambiente de língua alemã, engajada desde o começo nas causas judaicas. Essa circunstância talvez explique o convite honroso, mas de modo algum evidente, a um colega alemão para

---

1 Conferência por ocasião da primeira série de preleções "Martin Buber" na *Israel Academy of Sciences and Humanities*, em 1º de maio de 2012, em Jerusalém.
2 Rübner; Mach (orgs.), *Briefwechsel Martin Buber – Ludwig Strauß 1913-1953*, p.229.

inaugurar a série de preleções recém-instituída. Por isso eu agradeço aos membros da Academia.

As exposições históricas sobre a cultura judaica no Império e na República de Weimar apresentam Martin Buber não só como uma figura de grande porte do sionismo, mas também como um porta-voz decisivo de uma renascença cultural judaica, que na época foi sustentada por uma geração mais jovem.[3] O movimento juvenil judaico, que se formou por volta de 1900, no contexto dos demais movimentos juvenis e reformistas, entendeu esse levante como a hora de nascimento de uma cultura nacional judaica moderna. Com 23 anos de idade, Buber se fez orador dessa cultura, quando, em 1901, no V Congresso Sionista na Basileia, proferiu seu primeiro discurso programático. Desde a publicação das *Histórias do rabino Nachman*, ligadas ao chassidismo, no ano de 1906, ele passou a ser considerado na esfera pública mais ampla também como o líder espiritual do assim chamado "sionismo cultural". Em 1916, Buber realizou o plano, nutrido por anos a fio, de editar um mensário judaico. *Der Jude* [O judeu] foi a plataforma intelectual rigorosa sobre a qual se encontravam espíritos tão diversos como Franz Kafka, Arnold Zweig, Gustav Landauer ou Eduard Bernstein.

A amizade com Franz Rosenzweig recebeu um grande significado. Este regressara da guerra trazendo *Stern der Erlösung* [Estrela da redenção] e inaugurou em 1920, na cidade de Frankfurt, a Casa Livre de Ensino Judaico, a qual iria se tornar o modelo de instituições semelhantes na República inteira. Com o programa do "Novo aprendizado", Rosenzweig

---

3 Brenner, *Jüdische Kultur in der Weimarer Republik*, p.32 et seq.

conferiu aos ímpetos do movimento da universidade popular uma direção, a qual não podia senão atrair a simpatia de Buber. Rosenzweig defendia, como anunciou em seu discurso de abertura, "um aprendizado na direção inversa. Um aprendizado não mais da *Thora* em direção à vida, mas, inversamente, da vida, isto é, de um mundo que não sabe mais nada da lei, de volta à *Thora*. Este é o sinal dos tempos".[4] Rosenzweig ganhou Buber como um docente constante e um colaborador estreito. De sua cooperação resultou também a célebre tradução da Bíblia, apoiada no ducto linguístico do hebraico.

Considerando em retrospectiva, a lista de docentes na Casa de Ensino Judaico continha nomes quase exclusivamente célebres: entre outros, Leo Baeck, Siegfried Kracauer, Leo Strauss, Erich Fromm, Gershom Scholem, Samuel Joseph Agnon, Ernst Simon e Leo Löwenthal. Quando se lê hoje, em Michael Brenner,[5] que Martin Buber seria então o "professor mais proeminente" nesse círculo e "o pensador judeu-alemão mais conhecido da época de Weimar", não é preciso mais especular sobre a declaração por escrito do decano da Faculdade de Filosofia de Frankfurt a favor de Buber. Quando Walter F. Otto, em 1930, solicitou junto ao Ministério que a incumbência de ensino de filosofia da religião, que Buber exercera desde 1924, fosse transformada em um professorado honorário pago, ele podia se dar por satisfeito com a justificativa lacônica de que ninguém seria mais apropriado do que Buber, "que é tão conhecido que é possível abstrair uma caracterização porme-

---

4 Rosenzweig apud Heuberger; Krohn (orgs.), *Juden in Frankfurt am Main 1800-1950*, p.164.
5 Brenner, *Jüdische Kultur in der Weimarer Republik*, p.90, 96.

norizada de suas realizações".⁶ A esse professorado Martin Buber renunciou em 1933, imediatamente após a "tomada do poder", sem suspeitar a purgação que iria privar a Universidade de Frankfurt de um terço de seu corpo docente.

Poucos anos antes de começar minha carreira científica nessa mesma universidade como assistente de Adorno, deparei-me com Martin Buber uma única vez durante meus estudos (naturalmente, apenas no papel de ouvinte). Na época, no semestre de verão de 1953, Buber regressava pela primeira vez à Alemanha após a guerra e o holocausto. Minha mulher e eu nos lembramos repetidas vezes dessa noite memorável no auditório X da Universidade de Bonn, menos pelo conteúdo da preleção do que pelo ato da apresentação, quando os ruídos emudeceram repentinamente no salão lotado. Todos se levantaram respeitosamente quando o presidente da República Theodor Heuss conduziu com passos solenes, como se quisesse sublinhar o aspecto extraordinário da visita, a figura pequena do ancião, de cabelos encanecidos e barba cerrada, do sábio de Israel, pelo longo caminho junto à série de janelas. Não imaginávamos assim, quando crianças, os profetas do Velho Testamento? Na minha memória, a noite inteira se contrai nesse instante único, pleno de dignidade.

Na época, eu não concebia que nessa cena se incorporava também um pensamento essencial da filosofia de Buber – a força do performativo, capaz de sombrear o conteúdo do dito. Confesso que hoje não recordo inteiramente sem am-

---

6 Hammerstein, *Die Johann Wolfgang Goethe-Universität Frankfurt am Main*, v.I (Von der Stiftungsuniversität zur staatlichen Hochschule 1914-1950), p.120.

bivalências o papel público que Martin Buber desempenhou nos anos da antiga Alemanha Ocidental. Ele se encontrava então no centro dos movimentos judaico-cristãos que, como se sabe, se reportavam às suas primeiras iniciativas nos tempos da República de Weimar. Essas reuniões tinham certamente uma substância a ser levada a sério; elas devem ter promovido também uma consideração crítica entre muitos. Mas Adorno colou no então difundido "jargão da autenticidade", que vinha ao encontro de uma necessidade enviesada de uma assimilação interior e apolítica do "passado recente", tal etiqueta depreciativa, não inteiramente desprovido de razão. Como parceiro de diálogo religioso e disposto à conciliação, Buber era o antípoda do implacável historiador Scholem, que nos fez tomar consciência, nos anos 1960, do reverso da simbiose espiritual judaico-alemã levianamente evocada.

Mas as senhoras e os senhores não me convidaram para que falasse sobre o escritor religioso e o sábio profético, sobre o sionista e o pedagogo popular que Martin Buber foi. Ele é filósofo, e como tal foi inscrito com razão no panteão da *Library of Living Philosophers* [Biblioteca dos filósofos vivos] – assim se chama uma significativa série de livros editada por Paul Arthur Schilpp e altamente considerada na profissão. Entre os honrados já constavam na época John Dewey, Alfred North Whitehead, Bertrand Russell, Ernst Cassirer, Karl Jaspers, Rudolf Carnap, entre outros. Nesse círculo ilustre, Martin Buber foi o 12º laureado; os melhores da disciplina se confrontavam com sua filosofia.[7] No ponto central da discussão se encontrava, e se encontra

---

7 Schilpp; Friedman (orgs.), *The Philosophy of Martin Buber. Library of Living Philosophers XII*.

ainda, a relação entre Eu e Tu, em torno da qual se cristalizou o pensamento filosófico de Buber. De início, vou determinar o lugar desse pensamento na história da filosofia (I). Em seguida, gostaria de tornar evidente o peso sistemático da ideia fundamental, lançando mão das consequências que foram tiradas dessa abordagem, com total independência em relação aos próprios interesses de Buber (II). Por fim, vou caracterizar brevemente os feitos peculiares de tradução do escritor religioso; pois, no caso de Martin Buber, a fundamentação humanista de seu sionismo se explica pela transferência de conteúdos religiosos para conceitos filosóficos, com os quais fazemos enunciados universais, independentes das comunidades religiosas.

O foco sobre o performativo

Buber escrevera uma dissertação sobre Nikolaus von Kues e Jakob Böhme. Abstraindo seu amor pelo chassidismo, que respondera ao aparecimento das seitas franquistas inspiradas por Sabbatai Zwi,[8] coloca-se a questão de saber se Buber já pressentia na época algo daquela afinidade desconcertante entre os imaginários de Jakob Böhme e a mística judaica, à qual Gershom Scholem apontaria mais tarde, com a anedota sobre a visita do pietista suábio Friedrich Christoph Oetingen ao cabalista Koppel Hecht no gueto de Frankfurt.[9] A abertura para o discernimento filosófico que determinará a obra ulterior é descrita por Martin Buber como uma espécie de conversão que

---

8 Cf., sobre o interesse de Martin Buber no chassidismo, Werner, *Martin Buber*, p.146 et seq.
9 Scholem, *Die jüdische Mystik in ihren Hauptströmungen*, p.259-260.

se estende para além dos anos da Primeira Guerra Mundial. Se até então ele interpretara sua experiência religiosa fundamental de maneira mística, como êxtase em uma situação extraordinária, depois dessa virada ele passou a temer mais a difusão do Eu próprio no interior da unificação com o "transbordar" do espírito divino. No lugar desse contato absorvedor e dissolvente, iria entrar agora uma relação com Deus de certo modo normalizada com a prática de orações insistentes, embora não nivelada. Essa relação daquele que ora com Deus como uma segunda pessoa, e isso se torna importante para o pensamento filosófico posterior, é mediada por palavras e pela "palavra".

O velho Buber descreve o abandono da mística com palavras rudes:

> *Since then I have given up the "religious" which is nothing but the exception, the extraction, exaltation or ecstasy [...]. The mystery is no longer disclosed [...] it has made its dwelling here where everything happens as it happens. I know no fullness but each moral hour's fullness of claim and responsibility. Though far from being equal to it, I know that in the claim I am claimed and may respond in responsibility [...]. If that is religion then it is simply all that is lived in its possibility of dialogue.*[10]

---

10 Buber, Autobiographical Fragments, p.26. ["Desde então eu abandonei o 'religioso' que não é nada senão a exceção, a extração, a exaltação ou o êxtase [...] O mistério não é mais revelado [...] ele fez sua morada aqui onde tudo acontece da maneira que acontece. Eu não conheço nenhuma plenitude, mas cada momento moral é plenitude de reivindicação e responsabilidade. Embora longe de ser capaz disso, sei que na reivindicação eu sou reivindicado e posso responder na responsabilidade [...] Se esta é a religião, então é simplesmente tudo o que é vivido em sua possibilidade de diálogo." – N. T.]

Essas palavras resumem o impulso para aqueles apontamentos em que Buber trabalhara desde 1917 e que acabou publicando em 1923, sob o título *Eu e Tu*. Todos os escritos posteriores são notas de pé de página para essa obra principal. A relação interpessoal com Deus como o "Tu eterno" estrutura a rede de relações linguisticamente encaminhada na qual cada pessoa se encontra desde o começo, na qualidade de defrontante de outras pessoas: *"To be man means to be the being that is over against"*.[11]

Como se pode entrever pelo uso dos pronomes pessoais, a situação intramundana do ser humano se determina, todavia, pelo fato de que esse *"being over against"* tem de ser diferenciado segundo duas atitudes distintas no defrontante, dependendo se trata-se de outra pessoa ou de outros objetos. A relação interpessoal de uma primeira pessoa com a segunda, de um "Eu" com o "Tu", é de espécie diferente do que a relação objetivante de uma terceira pessoa em relação a um objeto, de um "Eu" com um "Algo" [*Es*]. Pois a relação interpessoal requer o entrelaçamento recíproco de perspectivas que os participantes dirigem uns aos outros, no que cada um pode adotar a perspectiva do respectivo outro. Pois faz parte da relação dialógica que o destinatário da fala possa assumir o papel do falante, tanto quanto, inversamente, o falante o papel do destinatário. Diante dessa simetria, o olhar de um observador se fixa assimetricamente em um objeto que, é claro, não pode, por sua vez, olhar o observador nos olhos.

No rastro dessa diferença entre a relação Eu-Tu e a relação Eu-Algo, Martin Buber descobre também uma diferença cor-

---

11 Ibid., p.35. ["Ser homem significa ser o ser que está em frente." – N. T.]

respondente entre os papéis do sujeito que diz "Eu" a cada vez. Em uma relação, o Eu aparece como o autor, na outra, como observador. Os participantes têm de "contrair" uma relação interpessoal, "efetuando-a" no ato da fala. Nesse ponto, o aspecto performativo do ato da fala se destaca do "quê" e do "sobre o quê" da comunicação, ou seja, dos aspectos ligados ao conteúdo do diálogo. Visto que os participantes não se espionam ou se espreitam mutuamente como objetos, mas se abrem uns aos outros, eles se encontram no mesmo fórum descerrado pelo diálogo, enredando-se narrativamente em suas histórias como contemporâneos. Ambos só podem ocupar o mesmo lugar no espaço social e no tempo histórico se eles se encontram nessa atitude performativa da segunda pessoa. Um semelhante "encontro" se efetua ao modo da presentificação atual do outro em sua totalidade. A presentificação pessoal forma, portanto, um horizonte, no interior do qual a percepção do outro se foca primeiramente sobre os traços essenciais da própria pessoa e não vagueia de detalhe em detalhe a bel-prazer, como na observação de objetos.

Essa *primazia do performativo no encontro* é circunscrita por Buber com a formulação floreada: "A palavra fundamental Eu-Tu só pode ser pronunciada com o ser inteiro. A palavra fundamental Eu-Algo nunca pode ser pronunciada com o ser inteiro".[12] Certamente, mesmo o observador age, uma vez que tem de "adotar" uma atitude objetivante em relação ao objeto; mas, *in actu*, o aspecto performativo desaparece para ele inteiramente atrás do próprio objeto, do tema de sua percepção ou de seu juízo. *Intentione recta*, o observador abstrai de seu lugar

---

12 Id., *Ich und Du* [1923], p.7.

e de seu contexto; ao olhar para algo no mundo como que "de parte alguma", ele abstrai sua ancoragem no espaço social da experiência e no tempo histórico vivido. Todavia, Buber reconhece que essa contraposição de "ator" e "observador" é ainda um pouco simples demais. Mesmo os sujeitos agentes possuem amiúde um Eu encouraçado e não levantam suas viseiras. Também eles podem se blindar e tratar o respectivo outro não na segunda pessoa, mas *como* um objeto, da perspectiva de uma terceira pessoa — seja instrumentalmente, como o médico que opera o corpo de um paciente, seja estrategicamente, como o colega do banco que impinge um crédito a seu cliente ludibriado.

Na perspectiva do crítico da cultura, Buber teme até mesmo que esses modos da ação monológica possam se tornar a forma predominante de vida e de existência da sociedade em seu todo. Tendo como pano de fundo a tendência, suspeitada em termos de diagnóstico de época, segundo a qual os domínios sociais da ação estratégica e da ação racional com relação a fins se estendem cada vez mais longe no curso da modernização social,[13] o interesse prático de Buber se aplica a algumas relações *face to face* destacadas, sobretudo a amizade e o amor. Embora tais relações exemplares só formem um recorte marginal na abundância das ações orientadas ao entendimento, elas interpretam o que Buber denomina o "ser-aí dialógico". No tipo ideal do encontro desprotegido e "mutuamente direcionado" no inte-

---

13 "Em tempos doentes acontece que o Mundo-Algo, não mais atravessado e fecundado pelas afluências do Mundo-Tu como por torrentes vivas — mas apartado e paralisado —, subjuga um fantasma colossal e lodoso — o homem" (ibid., p.56).

rior do autêntico estar com o outro, sobressaem os aspectos performativos que são encobertos de hábito pelos aspectos do diálogo ou da interação ligados ao tema.

Buber partilha o foco sobre o performativo com a filosofia existencial coetânea, a qual põe a descoberto, sob o "quê" da "essência" presumida do homem, o "modo" soterrado dessa vida, o "como" de seu "ser-no-mundo". Este pende, por sua vez, entre o ser-aí autêntico e inautêntico. Pois a vida humana se destaca pelo fato de que tem de ser levada e pode malograr. A fenomenologia, o historicismo e o pragmatismo partilham o interesse pelo caráter de efetuação [*Vollzugscharakter*] da vida vivida. Nesse aspecto, todos esses filósofos permaneceram herdeiros daqueles jovens hegelianos que colocaram em marcha a destranscendentalização e dessublimação da razão, o "processo de decomposição do espírito absoluto" (Marx). Esse movimento do pensamento inteiro visa situar a razão no espaço social e no tempo histórico, incorporá-la no organismo humano e na práxis social, isto é, na confrontação cooperativa de indivíduos comunicativamente socializados com as vicissitudes e os conflitos de seu entorno. Buber tinha consciência dessa herança jovem-hegeliana, tanto quanto da afinidade com a filosofia existencial. Ele estudara Feuerbach, Marx e Kierkegaard, assim como Jaspers, Heidegger e Sartre. Mas o que o destaca nessa grande família é o olhar sobre a constituição comunicativa da existência humana, que ele descreve nos termos de uma filosofia do diálogo, reportando-se a Wilhelm von Humboldt e Ludwig Feuerbach.[14]

---

14 Cf., sobre Humboldt, Buber, *Zwiesprache* [1929], p.178; cf., sobre Feuerbach, Buber, *Das Problem des Menschen* [1948], p.58 et seq.; sobre

Jürgen Habermas

O pensamento fundamental: o primado da segunda pessoa

O ponto de partida é o fenômeno do vir a ser destinatário da fala [*Angesprochenwerden*]: "Viver significa vir a ser o destinatário da fala [*angeredet*]",[15] de sorte que um tem de "posicionar-se" em relação ao outro, e isso de uma dupla maneira. O destinatário da fala tem de deixar-se posicionar pelo outro, ao envolver-se de modo geral em uma relação Eu-Tu; e ele tem então de tomar posição em relação ao que esse outro lhe diz – no caso mais simples, com "sim" ou "não". Com a disposição de *deixar-se colocar em fala* por uma outra pessoa e responder por si diante dela, o destinatário da fala não se expõe à presença objetivável do outro e reconhece este como fonte de pretensões autônomas, passível de mediações. Ao mesmo tempo, ele se submete às obrigações semânticas e discursivas que são impostas pela própria linguagem e pelo próprio diálogo. Nesse contexto, a reciprocidade da troca de papéis entre o destinatário e o falante confere à relação dialógica um caráter igualitário. À disposição de se deixar colocar em obrigação pelo outro no diálogo, vincula-se, por isso, a atitude geral de um individualismo igualitário. Todavia, não é uma imagem irênica a que Martin Buber desenha. Justamente nas relações íntimas, o respectivo outro tem de ser levado a sério em seu cerne individualizado e ser reconhecido em sua alteridade radical.[16] Na necessidade

---

os estímulos que Buber recebeu de seus contemporâneos, sobretudo Theunissen, *Der Andere*, §46.
15 Buber, *Zwiesprache*, p.153.
16 Id., *Die Frage an den Einzelnen* [1936], p.233-234; cf. a respeito, Werner, *Martin Buber*, p.48 et seq.

de balancear as duas tendências contrárias da "ampliação do ser próprio e da volta à solidariedade",[17] Buber reconhece a fonte de inquietude que fervilha em todo tipo de socialização comunicativa.

Certamente, o escritor religioso agrava a filosofia do diálogo voltando-a para o "diálogo genuíno", no qual intervém o dedo de Deus; mas a doutrina do filósofo oferece pontos de contato bastante interessantes também para o pensamento pós-metafísico comedido. Nesse meio-tempo, os discursos contínuos se ramificaram em duas direções. Eu começo com a questão altamente controversa: o que é mais fundamental, a consciência de si e a relação epistêmica consigo mesmo, ou, como Buber afirma, a relação comunicativa com o outro no diálogo? Em sua tese de livre-docência, de 1964, Michael Theunissen posicionou a filosofia do diálogo de Martin Buber como um contraprojeto à construção do mundo da vida que Edmund Husserl realiza a partir das operações constitutivas do sujeito transcendental.[18] Porém, não só por razões de interesse local, eu posso discutir o ponto de litígio sistemático também lançando mão da questão que Nathan Rotenstreich dirigiu ainda ao próprio Martin Buber: *"Whether reflection itself is but an extraction from the primacy of mutuality or whether mutuality presupposes reflection"*.[19]

---

17 Buber, *Ich und Du*, p.118.
18 Theunissen, *Der Andere*, p.243-373.
19 Rotenstreich, The Right and the Limitations of Martin Buber's Dialogical Thought, p.124-125. ["A própria reflexão é, porém, uma extração do primado da mutualidade ou a mutualidade pressupõe a reflexão." – N. T.]

Encontrando-se na tradição do mentalismo, Rotenstreich defende o primado da consciência de si sobre a relação interpessoal. Para que uma relação entre a primeira e a segunda pessoa possa realizar-se, assim reza o argumento, seria preciso pressupor que os sujeitos que dizem Eu já tivessem feito a distinção entre si e um outro sujeito; e esse ato de distinção pressupõe, por seu turno, uma relação epistêmica preliminar consigo mesmo, visto que um sujeito não poderia tomar distância de outros sujeitos sem ter antes se identificado e percebido a si mesmo como um sujeito.[20] Como revela o tom nervoso da resposta detalhada que Buber devolve a seu colega de Jerusalém, trata-se nessa controvérsia não de uma questão entre outras, mas de um profundo conflito de paradigmas: o ser humano é primariamente um sujeito cognoscente que se refere a estados de coisas no mundo objetivo e pode se referir também reflexivamente a si mesmo nessa mesma atitude objetivante? Nesse caso, ele se distingue de outros animais

---

20 *"If we do not grant the status of consciousness of one's own self we are facing the riddle how could a human being realize that it is he as a human being who maintains relations to things and to living beings and is not just submerged but amounts to a twofold attitude of detachment (i. e. in the I-It relation) and attachment (in the I-Thou-relation) [...] How is possible to be both detached and attached without the consciousness of oneself as a constitutive feature of the whole situation?"* (ibid., p.125 et seq.). ["Se não admitimos o *status* da consciência do próprio *self*, estamos diante do enigma de como um ser humano poderia perceber o que ele é como um ser humano que mantém relações com coisas e com seres vivos e não é apenas submerso mas equivale à dupla atitude de desapego (isto é, na relação Eu-Algo) e apego (na relação Eu-Tu) [...] Como é possível ser tanto desapegado como apegado sem a consciência de si mesmo como o traço constitutivo da situação por inteiro?" – N. T.]

primariamente por causa da consciência de si. Ou alguém só se torna consciente de si mesmo como um sujeito na comunicação com o outro? Nesse caso, não é a consciência de si, mas a forma da socialização comunicativa que caracteriza nossa espécie perante seus parentes mais próximos, ou seja, a existência humana como tal.

Martin Buber não concebe o ser humano primariamente como sujeito de conhecimento, mas como um ser prático, que se enreda em relações interpessoais a fim de vencer cooperativamente os desafios representados pelos acontecimentos contingentes no mundo. Também de sua perspectiva, o ser humano se destaca pela capacidade de distanciamento, mas não ao modo de uma auto-objetivação: *"It is incorrect to see in the fact of primal distance a reflecting position of a spectator"*.[21] Não é a autorreflexão no sentido de uma aplicação retroativa da relação sujeito-objeto ou da relação Eu-Algo que forma a marca distintiva central entre o ser humano e o animal. Nossa vida se efetua, pelo contrário, na relação comunicativa tripla entre uma primeira e uma segunda pessoa, ao passo que ambos se entendem entre si sobre objetos no mundo.[22] A consciência de si é um fenômeno derivado do diálogo: "A pessoa se torna consciente de si mesma como um participante no ser, como um ser-com".[23] A princípio, o sujeito envolvido no diálogo toma ciência de si mesmo performativamente, na adoção da perspectiva de um

---

21 Buber, Replies to my Critics, p.695. ["É incorreto ver no fato da distância primordial uma posição reflexiva de um espectador." – N. T.]
22 Apel, Die Logos-Auszeichnung der menschlichen Sprache. Die philosophische Tragweite der Sprechakttheorie, p.92-137.
23 Buber, *Ich und Du*, p.66.

outro, dirigida a ele, antes que possa se tornar expressamente o objeto de uma autorreflexão: *"The I that [first] emerges is aware of itself, but without reflecting on itself so as to become an object"*.[24]

Naturalmente, essa caracterização da relação dialógica se deve em Buber ao *a priori* da oração, ou seja, à categoria constitutiva que concede à relação com o "Tu eterno". Visto que, segundo sua concepção, o encontro com a palavra originária de Deus estrutura todas as relações dialógicas intramundanas, Buber pode dizer: *"Nothing helps me so much to understand man and his existence as does speech"*[25] – e bem observado, o diálogo (*speech*) e não a linguagem (*language*) como tal! Da sua maneira, Buber toma parte também na virada linguística da filosofia do século XX. De modo compreensível, ele não se interessa por uma semântica, da qual Richard Rorty dizia que se limitava a prosseguir a teoria do conhecimento do século XVII com os meios da filosofia analítica. Mas a guinada de Wittgenstein rumo à pragmática do uso da linguagem iria, na verdade, ao encontro de Buber.[26] Buber tinha a intuição importante e correta segundo a qual não pode haver para nós uma objetividade de experiência e juízo sem aquele "entre" dialogicamente produzido, próprio de um mundo da vida intersubjetivamente partilhado, e vice-versa.

Com a análise da dupla perspectiva do Eu-Tu/Eu-Algo, Buber direciona o olhar para o entrelaçamento constitutivo

---

24 Id., Replies to my Critics, p.695. ["O Eu que [primeiramente] emerge é consciente de si mesmo, mas sem refletir sobre si mesmo a ponto de tornar-se um objeto." – N. T.]

25 Ibid., p.696. ["Nada me ajuda tanto a compreender o homem e sua existência como faz a fala." – N. T.]

26 Cf. Apel, *Paradigmen der Ersten Philosophie*, parte I.

de duas intenções. O que é constitutivo do espírito humano é o entrelaçamento da relação intersubjetiva entre destinatário e falante, de um lado, e as relações intencionais respectivas com alguma coisa no mundo objetivo, sobre a qual os dois se entendem, de outro lado. A adoção recíproca de perspectivas entre Eu e Tu possibilita de certa maneira comunitarizar as percepções individuais do estado de coisas, *somente objetivado por essa via*. Essa estrutura complexa de relações se espelha também no emprego competente do sistema de pronomes pessoais e das expressões, entrelaçadas com ele, para as dêixis locais e temporais. A partir do entrelaçamento sistemático da relação Eu-Tu com a relação Eu-Algo, constrói-se o quadro pragmático, que é o único a tornar possível o emprego de qualquer símbolo linguístico.

Permitam-me mencionar de passagem uma constatação empírica desse enunciado da filosofia da linguagem. Em investigações psicológicas sobre o desenvolvimento linguístico, Michael Tomasello demonstrou, já nas interações com crianças na idade pré-linguística, exatamente aquela relação triádica que se estabelece pela associação simbólica entre a relação vertical com o mundo (Eu-Algo) e a relação horizontal com o outro (Eu--Tu) própria dos participantes da comunicação, por um lado, e por suas respectivas relações com o objeto da comunicação, por outro.[27] Crianças com mais ou menos um ano seguem os gestos indicativos das pessoas de referência (ou utilizam elas mesmas o dedo indicador), a fim de direcionar a atenção da outra pessoa para determinadas coisas e partilhar sua percepção

---

27 Tomasello, *Die kulturelle Entwicklung des menschlichen Denkens*; id., *Die Ursprünge der menschlichen Kommunikation*.

com ela. No plano horizontal, mãe e criança assumem, com o foco, também a intenção do respectivo outro, de sorte que surge uma relação Eu-Tu, isto é, uma perspectiva social, na qual cada um pode dirigir sua atenção ao *mesmo* objeto na relação vertical Eu-Algo. Com o auxílio de gestos indicativos – logo em seguida também em combinação com gestos imitativos –, as crianças adquirem, do objeto identificado e percebido em comum, um saber partilhado intersubjetivamente com a mãe, com o qual o gesto acaba ganhando depois, finalmente, um significado convencional.

O trabalho filosófico do escritor religioso

Martin Buber não trilhou a via natural de elaborar nos termos da filosofia da linguagem a sua abordagem filosófica do diálogo.[28] Já Nathan Rotenstreich o repreendeu, não inteiramente desprovido de razão, por se concentrar no aspecto performativo da relação Eu-Tu, no modo da "presentificação pessoal" do outro, negligenciando assim o aspecto cognitivo da representação na relação Eu-Algo, isto é, os conteúdos dos enunciados, os discursos e os conhecimentos científicos. A crítica justificada de Martin Buber à fixação unilateral da grande tradição filosófica no conhecimento do ente, na autorreflexão do sujeito cognoscente e na função de representação da linguagem, acaba por descarrilar, convertendo-se em uma crítica da cultura. Ele joga a criança junto com a água suja quando põe no mesmo saco todas as atitudes *objetivantes* em relação ao

---

28 Habermas, *Philosophische Texte. Studienausgabe in fünf Bänden*, v.2 (Rationalitäts- und Sprachtheorie).

mundo junto com as tendências *objetivistas* da época, colocando-as todas sob uma suspeita indiscriminada. Por outro lado, há uma razão trivial para a circunstância de que Buber não esgotou o potencial teórico de sua própria abordagem – seu interesse preponderante pelas questões do autoentendimento ético e existencial. À sombra da forte normatividade ética de expectativas comportamentais vinculantes e de projetos de vida autênticos, desaparece a normatividade débil contida na pragmática da comunicação linguística como tal.

O filósofo Buber não se deixa separar do escritor religioso. Buber se encontra naquela série de escritores religiosos com pretensão filosófica que vai de Kierkegaard, Josiah Royce e William James, passa pelo jovem Ernst Bloch, Walter Benjamin e Emmanuel Levinas, e chega até Jacques Derrida. Esses pensadores dão seguimento, sob as condições alteradas da modernidade, a um trabalho de tradução que conseguiu se efetuar discretamente por anos a fio, ao modo de uma osmose, da mesma maneira que a metafísica grega foi continuada após o fechamento da Academia, sob a custódia dos teólogos das religiões abraâmicas. Depois da dissolução nominalista dessa frágil simbiose, a força subversiva e renovadora de uma assimilação das semânticas religiosas ao discurso fundamentador dos filósofos só pôde continuar a desdobrar-se sob a luz clara de um entorno amplamente secularizado.

Ora, os filósofos tiveram de *declarar-se* de certo modo como escritores religiosos, quando quiseram traduzir os conteúdos semânticos rebaixados, oriundos do tesouro articulado de diversas tradições religiosas, na conceituação filosófica universalmente acessível. Inversamente, uma esfera pública pluralista só pode aprender alguma coisa com esses escritores porque de certo modo passa os conteúdos da experiência religiosa por um filtro filosófico, arrancando-lhe com isso o caráter exclusivo da origem de uma comunidade religiosa sempre particular. Esse *papel de tradutor do escritor religioso na sociedade moderna* pode explicar também a posição que Martin Buber ocupou na esfera pública política. Sua confrontação com Herzl é conhecida. Para ele, o projeto sionista foi mais do que só uma atividade política que objetivava inicialmente a fundação do Estado e depois a autoafirmação do Estado judaico. Mas o sionismo cultural não era, nessa versão, incompatível com uma compreensão do projeto sionista que fosse nacionalista e ligado à política do poder; a incompatibilidade que Martin Buber via se explica pela visão de um escritor religioso que queria fundamentar o projeto de uma cultura nacional judaica com os conceitos de um filósofo. Interessava-o a justificação do sionismo não só da perspectiva étnica e nacional, de certo modo voltada para dentro; antes ele queria justificá-lo com argumentos que podiam convencer a cada um.

Buber considerou necessária uma justificação humanista da ideia sionista. Isso é digno de nota, já que de origem ele era tão pouco kantiano quanto Gershom Scholem, Ernst Simon ou Hugo Bergmann. Esses intelectuais judeu-alemães se compreendiam como judeus judaicos que, no espírito da filosofia da vida coetânea, se reportavam antes à descoberta de Herder, durante o primeiro romantismo, da nação, da linguagem e da cultura do que à tradição do Esclarecimento ou a Marx e Freud. De sua perspectiva, a substância racional que Kant, Cohen e a ciência deixaram do judaísmo de sua religião era magra demais – para eles, o reverso místico ou o aspecto noturno da religião, ao modo de Bachofen, eram mais interessantes. Contudo, eles não esqueceram Espinosa e Lessing, Mendelssohn e Kant, Goethe e Heine, esses deuses domésticos de suas casas paternas, tanto quanto não esqueceram, por outro lado, os motivos étnicos e nacionais da discriminação cotidiana em seus países pátrios europeus. A sensibilidade moral com que, desde o começo, essa primeira geração de sionistas culturais ponderou, analisou e discutiu apaixonadamente, até o fim de suas vidas, o assim chamado "problema árabe" testemunha uma visão cosmopolita e individualista, a partir da qual quiseram que o projeto fosse compreendido.[29]

Sem dúvida, não estava à disposição de Buber, o filósofo existencial, uma conceitualização sociológica adequada. "O social" é tratado por ele tendo como pano de fundo uma forma de socialização pensada novamente segundo tipos ideais, na qual – em correspondência com a relação Eu-Tu autêntica – um "Nós essencial" deveria se incorporar.[30] Mas os esboços de uma teoria política são reconhecíveis ainda assim. Em 1936, ainda na Alemanha, Buber se confronta com o pensamento de Carl Schmitt sobre a relação amigo-inimigo. Ele vê que essas categorias se manifestam "em épocas em que a coletividade está ameaçada", mas "não em épocas em que sua existência é sabida como assegurada". Por isso, a relação amigo-inimigo tampouco serve como "princípio do político". Este consiste antes "no esforço [de uma coletividade] pela ordem adequada a ela". Todavia, fundada pela linguagem e pela cultura, a comunidade

---

29 Buber, *Die Frage an den Einzelnen*, p.254-255.
30 Id., *Das Problem des Menschen*, p.116.

desfruta de primazia sobre a instituição do Estado moderno, operada por necessidade e segundo o entendimento lógico: "A pessoa pertence, independentemente [...] de ela querer levar a sério isso ou não, à comunidade em que nasceu ou entrou".[31]

Para Martin Buber, não existe um nexo necessário ou mesmo normativamente fundamentado entre a nação crescida naturalmente ou fundida e o Estado deliberadamente construído por seus cidadãos. Como se sabe, Buber conseguiu projetar um Estado binacional também para Israel.[32] Se nação ou Es-

---

31 Ibid., p.241.
32 Steven Aschheim descreve a posição dos intelectuais unificados no Brit Schalom e mais tarde no Ichud como se segue: "*This was a nationalism that was guided essentially by inner cultural standards and conceptions of morality rather than considerations of power and singular group interest. Its exponents were united — as many saw it, in hopelessly naïve fashion — by their opposition to Herzl's brand of 'political Zionism' both because they had distaste for his strategy of alliances with external and imperial powers and because they did not hold the political realm of Statehood to be an ultimate value: their main goal was the spiritual and human revival of Judaism and the creation of a moral community or commonwealth in which this mission could be authentically realized. To be sure, it is not always easy to separate the more general German and 'cosmopolitan' ingredients from the recovered, specifically Jewish and religious dimensions of their vision.*" (Aschheim, *Beyond the Border. The German-Jewish Legacy*, cap.1: *Bildung* in Palestine. Bi-nationalism and the strains of German-Jewish humanism.) ["Este foi um nacionalismo guiado essencialmente por *standards* culturais intrínsecos e concepções de moralidade, em vez de considerações de poder e interesses de grupo singulares. Seus expoentes estavam unidos — como muitos viram, de forma desesperadamente ingênua — por sua oposição à marca do 'sionismo político' de Herzl, tanto porque tinham aversão por sua estratégia de alianças com poderes externos e imperiais, como porque não consideram o reino político da situação de Estado como um valor último: sua principal meta era o revivescimento espiritual e humano do judaísmo e a criação de uma comunidade ou república

tado, tanto faz; a justificação normativa de todas as formas de convívio se mede para ele, em última instância, pelas tomadas de posição autênticas de seus membros. Não só a ação moral, também a politicamente correta ou falsa funda-se no aspecto "inter-humano" do diálogo. O indivíduo se encontra sob uma responsabilidade escrupulosa que o grupo não pode tirar dele. Esse individualismo fala a partir da constatação notável de que o verdadeiro pertencimento a uma comunidade "inclui a experiência, nunca definitivamente formulável, dos limites dessa pertença".[33]

Ora, essa visão humanista não era fácil de harmonizar com as realidades políticas; e com a fundação do Estado, a meta de um único Estado, que unifica em pé de igualdade os cidadãos de nacionalidade judia e árabe em seu território, perdera seu fundamento. Nessa versão inicial, o humanismo político daqueles *outsiders* de origem judaico-alemã, influentes no sistema cultural, é um capítulo encerrado. Isso se aplica também ao impulso filosófico, que inspira esse programa magnânimo? Certamente, no discurso acadêmico fraco, continua a viver algo do espírito de Martin Buber sob outras premissas, no interior de outro quadro teórico (eu penso, por exemplo, no livro de Chaim Gans acerca da moralidade do Estado judaico).[34] Mas é preciso constatar, de maneira não sentimental, que tradições se rompem e só em situações excepcionais podem ser recuperadas

---

moral em que essa missão poderia ser realizada de maneira autêntica. Certamente, nem sempre é fácil separar os ingredientes mais geralmente alemães e 'cosmopolitas' das dimensões recobradas, especificamente judaicas e religiosas, de sua visão." – N. T.]
33 Ibid., p.241.
34 Gans, *A Just Zionism: On the Morality of the Jewish State*.

com um "salto de tigre no passado" — nesse caso, naturalmente em novas interpretações e com outras conclusões. Nessa imagem do salto do tigre, Walter Benjamin pensava na apoderação "de uma reminiscência, tal como cintila no instante do perigo".³⁵ Talvez esse país ameaçado e belo, transbordado de história, tenha lembranças simplesmente em demasia.

---

35 Benjamin, Über den Begriff der Geschichte [1942], teses VI e XIV.

3
Heine contemporâneo: "Agora não há mais nenhuma nação na Europa"[1]

I

No ano de 1828, em sua viagem para Gênova, Heine anota:

> Dia a dia, vão desaparecendo mais e mais os preconceitos nacionais disparatados, todas as particularidades rudes afundam na universalidade da civilização europeia; agora não há mais nenhuma nação na Europa, mas somente partidos, e é uma visão magnífica como estes [...], em que pesem a diversidade das línguas, entendem-se muito bem. (v.2, p.376)[2]

Essas palavras têm 184 anos de idade; nesse meio-tempo, chegamos a ingressar em um novo milênio. Tempo suficiente, portanto, para o entendimento dos povos europeus entre si,

---

1 Discurso por ocasião da atribuição do prêmio Heinrich Heine da cidade de Düsseldorf, em 14 de dezembro de 2012.
2 Cito segundo a edição em seis volumes, aos cuidados de Klaus Briegleb: *Heine, Sämtliche Schriften*.

dever-se-ia pensar. Mas, em face do desabrocho dos egoísmos nacionais, no curso da crise bancária, financeira e das dívidas públicas, o otimismo de Heine tem algo de exaltado e ridículo. Em que outra parte, salvo o Parlamento Europeu, existente nesse meio-tempo, mas pressionado contra a parede pelos chefes de governo, a frase arguta de que não há mais nações, mas apenas partidos, não iria descambar em violência institucional? Só ali, e não no Conselho Europeu, que arrebatou para si todo poder, os interesses sociais universalizados poderiam constituir-se para além das fronteiras nacionais e riscar do mapa os "preconceitos nacionais disparatados".

No entanto, Heine sempre distinguiu cuidadosamente os "preconceitos nacionais" do "amor à pátria". Assim, ele defende, mesmo se com reservas, a festividade de Hambach, onde "o liberalismo francês profere seu sermão da montanha" (v.4, p.88), ao passo que chamava de "teutônico" o encontro no castelo de Wartburg, onde os estudantes teutômanos organizavam uma queima de livros. Mais tarde, ele confessa: "Por ódio aos nacionalistas, eu quase poderia amar os comunistas" (v.5, p.233). Heine admira o patriotismo francês e inveja os franceses, que podem pintar o amor pela pátria com cores cosmopolitas, já que estão em condições de idealizar sua terra natal como origem da civilização e do progresso humano. Tanto mais obscuras parecem ser, para o emigrante, as condições alemãs.

Por outro lado, a dor da emigração faz de Heine um arauto do gênio alemão. Ele, que por sua própria obra também restituiu o romantismo ao Esclarecimento como verdadeira propriedade dele, canta a particularidade alemã. Embora ele próprio seduza o leitor com o brilho de seu estilo fluente e encontre palavras tocantes, sugestivamente animadas e insinuantes, ele exalta, em contraste com o aspecto francês, justamente a gravidade, a aspereza e o dilaceramento de espíritos tão especificamente alemães como Lutero ou Jakob Böhme, Jean Paul ou Fichte, Kleist ou Grable. O ponto culminante da história espiritual alemã se forma para ele, no entanto, na época do Esclarecimento, da qual afirma, com ousadia, que "nem mesmo na Grécia o espírito humano pôde expressar-se tão livremente como na Alemanha, desde os meados do século precedente até a invasão francesa" (v.3, p.542).

É nessa atitude afirmativa em relação ao melhor das próprias tradições que eu vejo a chave para entender aquela constelação feliz que, por fim, depois da Segunda Guerra Mundial, acabou resultando também na Alemanha, em prol de uma recepção imparcial de Heine. Foi só depois de 1945 que Heine, louvado na França e nos demais países europeus, e mesmo em outros continentes já durante sua vida, pôde encontrar também entre nós o reconhecimento integral. Certamente, a fanfarra europeia de Heine, que convoca as tropas para lançar a tormenta sobre as barreiras intelectuais étnicas, depara-se com ouvidos moucos até hoje. Mas, a despeito dessa mouquidão especial, para a qual, aliás, Heine já havia cunhado a expressão "fadiga europeia", na Alemanha do pós-guerra, vencida e moralmente lixiviada, a postura defensiva tacanha em relação ao Heine intelectual se diluiu pela primeira vez. As gerações mais jovens tinham ouvidos abertos para autores que lhes podiam indicar, por entre os montes de escombros das tradições desacreditadas e suspeitosas, a trilha para as partes não corrompidas da herança nacional arruinada. E também dessa vez o melhor no exílio foi conservado por emigrantes judeus. E os que regressaram tinham seu Heine na bagagem. A série vai, só para lembrar alguns dos intelectuais, de Adorno e Günther Anders, passa por Marcel Reich-Ranicki, e chega até Peter Szondi e Ivan Nagel, da minha geração.

Heine foi o escritor que dera à questão "Qual é a grande tarefa de nosso tempo?", no ano de 1828, uma resposta sem rodeios: "É a emancipação. Não meramente a dos irlandeses, dos gregos, dos judeus de Frankfurt, dos negros das Índias Ocidentais [...] mas é a emancipação do mundo inteiro, particularmente da Europa, que entrou na maioridade" (v.2, p.376). Quem poderia ter sido para os jovens alemães, depois do fascismo, um indicador de caminho melhor do que um alemão do qual Lessing era o escritor preferido? Heine ainda se encontrara pessoalmente com Hegel e Schelling; publicou em 1835, em Paris, *Contribuição à história da religião e filosofia na Alemanha*, um grandioso panorama, pintado com pinceladas amplas. Como um bom médico de família, ele auscultou a história intelectual alemã moderna pelos ruídos no pulmão. E para que seus leitores franceses não caíssem desse desfiladeiro, ele estende, à maneira de um montanhista prudente, um cabo de segurança por entre os precipícios alemães, que em uma ponta ele engancha com Espinosa, e na outra ponta, com Hegel.

Entre esses dois ganchos, os vestígios da luta pela liberdade religiosa, pela liberdade de pensamento e de imprensa, pelos direitos humanos e pela democracia social conduzem a passos seguros, partindo de Espinosa e passando em primeiro lugar por Christian Wolff, até Lessing, até aquele "profeta que verteu o segundo testamento em um terceiro". Acerca de Lessing, Heine fala como de si mesmo: "Ele foi o crítico vivaz de sua época e sua vida inteira foi polêmica" (v.3, p.585). Depois segue a reabilitação engajada do livreiro Christoph Friedrich Nicolai, que também já se batera uma vez contra moinhos de vento na valente contenda contra o obscurantismo; e mais adiante Heine nos conduz, passando por Moses Mendelssohn, o grande adepto judeu do Esclarecimento, por Georg Forster, o amigo da liberdade, até Kant, o esmoedor de mundos. Quem certamente não foi nenhum gênio, julga Heine, discípulo de Hegel, mas, em seu "estilo de linho cru", ainda assim tomou de assalto os céus com a *Crítica da razão pura*, fazendo suas tropas passarem à espada. Essa revolução robespierriana no mundo do espírito toma em seguida sua continuidade passando por Fichte, o Napoleão da filosofia, e Schelling, o contrarrevolucionário; e ela desemboca no regimento contemporâneo de Hegel, de certo modo orleanista. Todavia, uma vez que Kant impeliu esse movimento inteiro do pensamento menos pelo simples conteúdo de seus escritos, mas de certo modo o suscitou performativamente, "graças ao espírito crítico que predomina aí", agora, após a morte de Hegel e a Revolução de Julho na França, uma geração inteira dos adeptos da Jovem Alemanha e de jovens hegelianos, totalmente apegada à atualidade, encontrava-se no limiar entre o pensamento revolucionário e a execução do ato.

Com esse currículo, Heine desenvolveu um contraprograma ao *mainstream* de todo o século XIX e do início do século XX, nutrindo-se das fontes da história alemã e da intelectual judaico-alemã – se pensamos na enorme influência de Espinosa nas camadas cultas judaico-burguesas. Depois de 1945, esse programa se viu ainda mais afiado, em oposição a tudo o que havia levado à catástrofe alemã, e a muita coisa que nas elites da era Adenauer, rebocadas da era nazista – sob o pretexto de um anticomunismo recalcitrante –, levava uma sobrevida cambaleante, mas empedernida. Para os que estavam à busca das suas raízes espirituais, sob as sombras dos destroços do regime nazista, nunca o "partido das flores e dos rouxinóis", que Heine carregou com a atitude revolucionária, foi tão atrativo, nunca a unidade enfática de democracia, direitos humanos, esperança cosmopolita e pacifismo foi tão convincente, nunca a emancipação social, a "grande questão sobre a sopa", foi tão evidente.

Isso não significa que a recepção de Heine na antiga Alemanha Ocidental tenha se efetuado sem atritos. Ainda no centésimo aniversário de morte do poeta, o governo alemão se protegeu por todos os lados, com um comunicado discrepante à imprensa. Ainda assim, em 1956, foi fundada na cidade de Düsseldorf uma Sociedade Heinrich Heine ativa e, um pouco mais tarde, o meritório Instituto Heinrich Heine. Na Alemanha atual aparece também uma edição crítica de Heine, aos cuidados de Klaus Briegleb. Mas, sem a ressonância que o canto de Heine sobre a "democracia dos deuses magníficos, santos e agraciados por igual" encontrou entre os espíritos libertários do movimento de 1968, uma reabilitação duradoura de Heine *por inteiro* dificilmente seria bem-sucedida. Os historiadores falam hoje de uma consolidação da renascença de Heine nos anos 1970, e de uma canonização nos anos 1980. No *Heine-Handbuch* [Manual sobre Heine], de Gerhard Höhn, nesse feito pioneiro de um erudito privado, lê-se que, no fim dos anos 1980, o "conflito em torno de Heine" se inverterá no contrário: "O lutador em prol da liberdade e do progresso já não é mais caluniado hoje, mas festejado e louvado em toda parte".[3]

---

3 Höhn, *Heine-Handbuch*, p.vii.

Estas foram as palavras para o aniversário de 190 anos. O que este Heine canonizado, sepultado com todas as honras sob montanhas de interpretações, pode nos dizer ainda, em seu aniversário de 215 anos? Certamente, com seus *Novos poemas*, com o *Romanzero*, com sua *Viagem pelo Harz* ou com *Contos de inverno*, Heine pode sozinho cuidar bem de sua história de recepção literária. Mas Heine não é só poeta. Como tribuno que marca as mentalidades, ele pode ser ainda uma figura que indica caminhos? O apóstolo secular, a biografia de sua obra, sugada junto com a história da época, tem ainda hoje algo a nos dizer? Podemos, nesse sentido, aprender ainda alguma coisa de Heine, ou ao menos de seu exemplo?

2

Não se trata de uma questão retórica. Desde sempre foi difícil dizer sobre Heine algo que ele não tenha dito de si mesmo há tempos. Heine refletiu sobre si mesmo infatigavelmente – sobre seu papel, sua pessoa e seu trabalho –, tanto em uma autocrítica impiedosa, quanto também em uma egolatria; e o que disse sobre si mesmo raramente era falso por inteiro, apesar das ciladas do autoespelhamento narcisista.[4] Assim, todo intérprete corre o risco de seguir pistas preparadas de antemão pela autobiografia. Essa atribuição é, tomada em si mesma, um fato digno de nota, pois ela se explica pela circunstância

---

4 Wolfgang Hädecke começa sua biografia (*Heinrich Heine*) com um resumo do famigerado memorial de Heine, cujas observações sobre si mesmo não foram desvalorizadas pela finalidade tática da redação desse documento.

de que Heine foi o primeiro grande *escritor voltado para a época*. Heine é um dos primeiros poetas que expressam uma nova consciência do tempo na época da nascente imprensa de massa. Para seu trabalho de escritor, a consciência histórica, que atravessou a soleira da porta com a Revolução Francesa, tornou-se força determinante. Essa consciência de viver um tempo novo, mesmo os "mais novos" (como diz Hegel), sedimenta-se, por um lado, na transformação atualizadora dos gêneros literários, ou seja, nas cartas, nas imagens de viagem, nos relatos de salão e nas confissões de Heine; por outro, ela carrega as formas líricas conhecidas com tomadas de partido, faz delas "poemas da época". A consciência nervosa de uma atualidade orientada ao progresso e ao futuro, desacoplando-se do passado, gera, na obra de Heine, a conhecida tensão entre jornalismo e poesia, lamentada por Karl Kraus injustamente.

Heine é um autor interventor, enredado nas lutas da época. Ele percebe a história da época como "história de caça": "Agora é a época da caça em grande estilo às ideias liberais" (v.2, p.667). Consciente de sua influência, Heine reflete sobre seu próprio papel na esteira de um acontecimento de época que se tornou atual pelo trabalho publicista contínuo. Ele sabe que escreve no espaço de ressonância de um público leitor consciente da atualidade e que toma partido.[5] E ele polariza seus leitores, visto que compõe seus escritos já com a expectativa de provocar reações dissonantes. Essa reflexividade, esse reflexo nos olhos dos leitores que tomam posição, também predestina Heine a ser um autobiógrafo perspicaz, cujas observações sobre si mesmo se antecipa desde sempre a nós, os intérpretes

---

5 Cf. o capítulo 12 de Hauschild; Werner, *Heinrich Heine*.

nascidos depois. Mas o que realmente caracteriza Heine é o vínculo da consciência polêmica de um escritor político com o *pathos* da verdade do lírico sensível, que se converte em sismógrafo íntegro das próprias vibrações. O eu lírico empático, que se expressa nos *Lieder* de Heine e em muitos de seus últimos poemas, faz soar a contraparte dos contemporâneos que tomam partido também ali, onde se torna o solo de ressonância da história da época. O eu lírico quer ser mera testemunha e expressar o que emerge do fundo da própria subjetividade como experiência reiterada e partilhada por muitos, ou seja, como experiência universal.

A nova consciência de tempo, da qual solta a língua literária, torna Heine nosso contemporâneo. Partilhamos com ele a consciência moderna de um fluxo dinamizado do tempo que, como o anjo de Benjamin, arremessa-se do futuro sobre as gerações que vivem agora, a fim de arrancá-las do passado e, no horizonte de seu respectivo futuro, confrontá-las com a exigência de escolher responsavelmente entre as alternativas abertas e encontrar a resposta correta. Ao mesmo tempo, os contemporâneos concebem o motor que acelera a tal ponto o fluxo do tempo como "a modernidade". Eles gostariam de enlaçar esse processo, seja para frear a modernização, seja para acelerá-la. Dessa perspectiva, a história da época não ganha só a qualidade de um apelo diante do qual o presente tem de posicionar-se. O processo da história ganha ao mesmo tempo uma direção, de sorte que há povos que pertencem à vanguarda, e aqueles que recuam. Agora há um critério para o avanço, e pelo mais avançado se mede a simultaneidade do não simultâneo. Assim, como se sabe, a filosofia alemã é, para Heine, nada mais do que o sonho da Revolução Francesa. E Marx dirá que seu presente alemão se encontra "abaixo do nível da história", pertencendo ao "quarto de despejo dos povos modernos".[6]

As dimensões do passado e do futuro assumem para os contemporâneos, dependendo de como eles pesam os ganhos e as perdas aguardados da modernização, valores negativos e positivos. Essa coloração política das dimensões do tempo se reproduzira espacialmente, pela primeira vez, na disposição de assentos na Assembleia Nacional Francesa. Os espíritos conservadores se separaram dos liberais. Uns estão convencidos de que as perdas que ocorrem com a desintegração de formas de vida tradicionais prevalecem sobre os ganhos, colocados em perspectiva, de um progresso quimérico. Os outros contrapõem a isto a ideia de que o ganho líquido médio da destruição criadora excederá de longe as dores dos perdedores com a modernização. Por fim, a esquerda se caracteriza por ser sensível aos paradoxos do progresso: as feridas que a modernização social abre inevitavelmente devem poder ser curadas somente pelo salto revolucionário para a verdadeira modernidade.

Assim pensava Heine também. As formas de vida desenraizadas do passado ocultam uma substância intocável, que os homens só poderão salvar do crime para as gerações futuras quando se deixarem guiar pela leitura dialética do progresso. A mentalidade de Heine é traçada a fundo por essa ambivalência entre a subversão inadiável dos poderes repressivos da nobreza e da Igreja, que retinham o progresso em sua época, e a salvação de uma herança da humanidade, lesável porque não regenerável, que tem de permanecer subtraída ao ataque dos

---

6 Marx, Zur Kritik der Hegelschen Rechtsphilosophie. Einleitung [1844], p.380, 379 respectivamente.

iconoclastas. O Heine encantado pela Revolução de Julho festeja certamente a ruptura com o passado: "Toda veneração à tradição é denunciada" (v.3, p.590). Porém, quando chegou a Paris depois da Revolução, sua primeira caminhada leva-o à Bibliothèque Royale, onde pede para lhe mostrarem o *Codex Manesse* e os manuscritos dos trovadores.

Permanecemos contemporâneos dessa consciência moderna de tempo. Na doutrina das cores políticas e na distribuição de assentos nos parlamentos, onde se espelha, hoje como ontem, o cálculo de ganhos e perdas de um progresso economicamente trivializado, nada se alterou. Certamente, tendo em vista o ajuste global das infraestruturas sociais, pode-se afirmar que hoje só restaram sociedades modernas. Mas os programas fracassados de auxílio ao desenvolvimento e, mais ainda, o malogro das tentativas ingênuas de exportar de supetão instituições e procedimentos democráticos para qualquer parte do mundo ensinam-nos sobre a não simultaneidade dos hábitos e das mentalidades culturais. Tanto nos contemos com juízos de valores sobre outras culturas, como evidentemente manejamos, hoje como ontem, o critério da modernização, em todo caso, quanto às unidades de medida econômicas dos custos de salário e da capacidade de concorrência. Dia a dia, lemos, com efeito, que os países do sul europeu "ficaram para trás" dos países do norte, fortes em exportações.

O que tampouco se altera são as cantinas de sopa para os pobres, que hoje se chamam elegantemente "Tábulas". Porém, consumiu-se o *pathos* revolucionário que nos tempos de Heine era ainda fresco como a juventude. Heine tinha às costas uma Revolução Francesa amadurecida no *Código napoleônico*; atrás de nós, acumulam-se os montes de cadáveres de desolados e assassinados, empilhados na Era dos Extremos. Vivemos em uma época pós-revolucionária e pós-heroica; já em 1968 a revolução havia mudado de gênero – da ópera para a opereta. O que se alterou com isso não é, sem dúvida, a consciência de tempo como tal, mas a consciência de modernidade, isto é, a atitude dos que agem politicamente em relação à flecha do tempo da modernização econômica e social. Entrementes, esta assumiu a figura de um processo automático e sistêmico. E não devemos mais poder lhe colocar rédeas. O *locus of control* se deslocou da intervenção corajosa para a adaptação desanimada. Não nos comportamos mais em relação ao futuro no modo do desafio e resposta, *challenge and response*, mas – como nos inculca a chanceler – no modo da Tina: *There is no alternative.*

Nesse ponto, contudo, os conhecedores de Heine poderiam estancar, alertando para a polêmica fácil e devolvendo na mesma moeda: não foi justamente Heine quem, em seu "colchão-cripta", abjurou as fantasias revolucionárias de juventude de estabelecer o reino do céu sobre a terra? Não foi ele quem viu o erro de inflacionar as reivindicações e a sobrecarga de nossas forças políticas? Não foi ele quem pagou o pecado da autodivinização com uma conversão tardia à fé no deus pessoal? Uma boa dose de fatalismo, em todo caso de autorresignação em face dos limites das possibilidades de intervenção e configuração política, não poderia ter protegido nossos povos dos extremos do século XX?

Só que essas questões sugerem não só uma falsa imagem de Heine, mas também consequências falsas. Em vez de pretensões políticas que se estendem ao fantástico, nos deparamos hoje com uma política que se curva ao chão. Todos nós nos curvamos sob as exigências dos mercados financeiros e confirmamos com a quietude a impotência aparente de uma política que faz as massas de cidadãos contribuintes pagarem pelos danos da crise, no lugar dos investidores especuladores. Heine teria zombado os contadores sobre os ganhos privatizados e os custos socializados. O que teria dito ele, que também voltou a *dignificar* o olhar romântico, sobre a decisão da orgulhosa cidade de Stralsund que quis malbaratar seus tesouros medievais a colecionares privados, porque seus cofres públicos estavam vazios? O que teria dito sobre o pobre distrito de Tower Hamlets, no leste de Londres, que malbarata pela mesma razão uma escultura fundida por Henry Moore? O alerta neoconservador sobre as excentricidades normativas não é a resposta correta a um espírito de época normativamente desarmado, adaptado aos imperativos do mercado e da autoexploração. Mas, sobretudo, eu leio a guinada religiosa tardia de Heine como algo totalmente diferente de uma submissão acomodatícia aos poderes superiores. Precisamos ver com exatidão para constatar o que o Heine tardio de fato abjura em suas *Confissões* – e a que ele se atém.

3

Heine data sua guinada religiosa no ano de 1848 – quando a Revolução malogrou e quando sua doença paralisante entrou em um estágio aflitivo. Até então, Heine esperara uma revolução radical, já que o povo, em julho de 1830, conquistara uma vitória em prol da burguesia, mas da qual não tirara proveito. Desse ponto de vista já quase marxista, a revolução que levou Napoleão III ao poder foi um fracasso. Heine suspira: "Uma revolução é um infortúnio, mas um maior infortúnio ainda é uma revolução infortunada" (v.4, p.78). Independentemente dos motivos pessoais, a desilusão de Heine com a Revolução de 1848 não foi historicamente injustificada, em todo caso, não no que concerne à sua pátria. Iria demorar um século mais até que uma democracia pudesse se impor duradouramente no solo alemão.

Ante esse pano de fundo pessimista, as diferenças políticas entre Heine e os "jacobinos alemães" em Paris também se intensificaram na época. Em seu escrito contra Börne, Heine já lhes havia difamado o traje hospitalar das vestes cinza da igualdade. Nesse escrito polêmico, ele já alertara sobre uma "cura radical" que "no fim só tem efeitos exteriores". Apenas em fogo brando até 1848, o temor da fúria dos uniformizadores violentos e da iconoclastia hostil à arte ("eles enxadam minhas florestas de lauréis e plantam batatas depois"; v.5, p.232) começa de certo modo a borbulhar depois da Revolução de 1848, infortunada aos olhos de Heine. Tal temor se torna um dos motivos que o levam, "naqueles dias de loucura universal", a rever suas convicções ligadas à *filosofia da ação*.

Até então, Heine imaginara a filosofia do espírito de Hegel como o desenho de um processo de autodivinização do homem. Segundo essa leitura, Hegel deve ter ensinado "como o homem se torna Deus mediante o conhecimento ou, o que é a mesma coisa, como Deus alcança no homem a consciência de si mesmo" (v.6, I, p.479; v.2, p.510). Impressionado pelo sansimonismo, Heine estava convencido a divulgar o "segredo de escola" do idealismo alemão, quando – como um dos primeiros jovens hegelianos – anunciou o imperativo de passar do pensamento à ação, da teoria à práxis. Todavia, desde o começo esse pensamento filosófico de uma revolução radical se colorira de romantismo no eu lírico de Heine. O partido das flores e dos rouxinóis deveria cuidar da irmanação da justiça social com a beleza e a felicidade. Finalmente, o sonho de uma reconciliação de Jerusalém com Atenas, que Hegel, Hölderlin e Schelling haviam sonhado no seminário de Tübingen, iria se consumar. Finalmente, o "espiritualismo" iria se amalgamar com o "sensualismo", como Heine diz nesse momento, isto é, a libertação igualitária da sociedade iria se amalgamar com uma emancipação dos sentidos e da carne. Essa utopia ressoa mais tarde ainda no desejo de reconciliar o "ascetismo judaico" com o "natural helênico". Mas Heine abjurará agora a ideia revolucionária exaltada de uma autodivinização híbrida. Nesse contexto, ele pode dar livre curso a seu temor da revolução, reprimido até então. Assim, Heine confessa, em 1854: "Qual muitos outros deuses arruinados daquele período de subversão [ou seja, os anos de 1830 a 1848], eu iria também abdicar miseravelmente e retroceder de novo ao estamento privado humano [...] Eu retornei ao aprisco inferior da criatura de Deus, e prestei homenagens de novo à onipotência de um ser supremo" (v.6, I, p.475).

Naturalmente, o Heine agrilhoado à cama também reflete sobre a decrepitude do doente em busca de auxílio, tomando-a como um motivo bem menos convincente para sua inversão. Ele mesmo escarnecera antes: "No leito de morte, foram tantos os livres-pensadores convertidos" (v.3, p.634) – e agora ele próprio se arrastava até a cruz. Assim, também a comoção quase infantil do lamento que entoa em seu "colchão-cripta" não apaga inteiramente a dúvida maliciosa que o pensamento sobre o sentido caritativo de sua guinada religiosa desperta nele. A melodia da confissão de Heine é quebrada pela autoironia, como todo o resto:

> Nesse estado, é um verdadeiro alívio para mim que haja alguém no céu a quem eu possa choramingar constantemente a litania de meu sofrimento, em especial depois da meia-noite, quando Matilde se dirige ao descanso de que ela amiúde tanto necessita. Deus seja louvado! Em tais horas, eu não estou só, e posso orar e choramingar tanto quanto queira, e sem me envergonhar. (v.6, I, p.476)

Esse tom determina também o gênero e o modo como o Lázaro Heine se ocupa com seu estado *post mortem*. Essa melancolia atenuante, quase já reconciliada, presenteou-nos com um de seus mais belos poemas (v.6, I, p.113):

> Nenhuma missa se cantará,
> Nenhum cadoxe se dirá,
> Nada se diz e nada se canta
> Nos meus dias de morte.
>
> Mas talvez em dia assim,
> Com tempo belo e ameno,
> Passeie no Montmartre
> Com Pauline a senhora Matilde.
>
> Com a coroa de imortais,
> Vem-me enfeitar o túmulo
> E suspira: *pauvre homme*,
> Úmida saudade no olhar.

Pena que more alto demais
E não tenha aqui nenhuma cadeira
A oferecer à minha doçura.
Ah! Ela abana os pés cansados.

Doce, roliça criança, tu não podes
Ir a pé para casa;
Nas grades de barreira,
Vês os fiacres parados.

4

Para uma conferência sobre Heine, este seria um belo final, um final adequado, mas meu pensamento tem ainda uma ponta solta. Sem dúvida, Heine abjura um pensamento revolucionário exaltado, mas à sua luta, à luta pela imposição política dos direitos humanos, aos "dez mandamentos da nova fé mundial", permanece fiel. Ele permanece, como ele mesmo diz, "com os mesmos princípios democráticos aos quais minha mais primeva juventude prestou homenagens". Se o velho Heine lamenta as fraquezas do povo soberano, repetidas vezes corta a própria palavra e desenrola de passagem o programa social-democrata inteiro do tempo por vir. Soa já quase como em Brecht: "Essa fealdade [do povo] surgiu por causa da sujeita e desaparecerá com ela, tão logo construirmos casas de banho públicas, nas quais Sua Majestade o Povo poderá se banhar gratuitamente" (v.6, I, p.468). Independentemente do que a guinada religiosa tenha significado pessoalmente para o próprio Heine, a substituição de Homero pela Bíblia significa intelectualmente uma ancoragem normativa profunda de sua radicalidade política irredutível. Heine leva a sério agora o discernimento kantiano de que a "lei viva da moral e a fonte de todo o direito e toda autoridade" deve se despir do meramente subjetivo. À moral e ao direito cabe um tipo de objetividade diferente da arte emanada da subjetividade.

Desde sempre Heine jogou com um gesto religioso. Ele atribuíra desde o começo ao intelectual e ao escritor o papel de "apóstolo" de uma religião da liberdade. Que ele se apropriara aí, com o auxílio de Saint-Simon e de Hegel, de maneira bem ateísta, dos impulsos essenciais do Velho Testamento é algo que lhe vem à consciência de outro modo na velhice. Na "eticidade do antigo judaísmo", ele reconhece agora as raízes igualitárias e universalistas de seu próprio *pathos* militante pela justiça e pela liberdade. O Heine convertido não precisa efetuar uma grande revisão em sua consideração da história, mesmo que a conversão protestante e a origem judia não sejam mais repelidas e mesmo que ambas apareçam sob uma luz afirmativa: os judeus doaram ao mundo seu Deus e a palavra dele, a Bíblia. Mais tarde, o livro dos livros – no curso da Reforma – é traduzido em todas as línguas nacionais, difundido pelo globo e entregue "à exegese, à razão individual". Finalmente, isso promoveu a "grande democracia", "em que cada homem deve ser não somente rei, mas também bispo no castelo do seu lar" (v.6, I, p.485).

Mas, sobretudo, Moisés assume agora um formato de dimensões sobrenaturais: a liberdade foi "sempre o pensamento último do grande emancipador", e esse pensamento se inflamou "em todas as suas leis que concernem ao pauperismo". No entanto, Heine não pode abandonar o velho jogo de enigmas nem mesmo em face da morte. Todo leitor de seus poemas faz a experiência de que esse autor o atrai de início para a entrega à esteira insinuante e dessublimadora do tom tocante, mas que ele depois, no mais tardar das últimas linhas, rompe o encanto sedutor a fim de impedir o leitor já cativo de resvalar para o sentimental. Assim, visto que a crítica feuerbachiana da religião sempre lhe causou comichões, Heine, também em sua veneração de Moisés, em um piscar de olhos, enfia essa tal "última linha": "Deus, perdoai-me o pecado, muitas vezes quis me parecer que esse Deus mosaico é apenas o brilho luminoso refletido do próprio Moisés, a quem parece tão semelhante, semelhante na ira e no amor" (v.6, I, p.480).

Seja como for que compreendemos a guinada religiosa, uma coisa ela não é: ela não é uma deflação da pretensão de uma melhora desse mundo. No fim de sua vida, Heine deslocou para o além a nostalgia de felicidade do poeta, desde sempre dotado de tons religiosos, mas isso não rompeu o entusiasmo pela liberdade do compositor de *Lieder*, a ira política e a revolta militante do intelectual e do cidadão atingido em seu sentimento de justiça. Ele não faz nenhum desconto em sua filosofia da história com propósito cosmopolita, de inspiração kantiana. Nenhum indício depõe a favor de que na velhice ele tenha desprezado menos o realismo desconsolador dos que "abanam a cabeça a respeito das nossas lutas por liberdade" do que nos anos de juventude, ou de que tenha cedido na luta contra o fatalismo daqueles para os quais "não há nada de novo sob o sol". Sua polêmica contra a concepção da história "dos sábios universais da escola histórica", de Savigny e de Ranke, permanece em vigor: "Vós sorrides de todos os empenhos de um entusiasmo político que quer tornar o mundo melhor e mais feliz" (v.3, p.21).

Até em seus momentos mais sombrios, o velho Heine pode ter pensado que nem mesmo a gasta balança existente entre o bem e o mal permanece intacta, se nós, não sem o medo de ridicularizar-nos, tentamos o máximo para tornar o mundo melhor, apesar de tudo. "A melhora do mundo" sempre teve, na Alemanha, uma conotação pejorativa. Hoje, em uma época de paralisia atroz, essa palavra tem tanto mais uma tônica estridente. Sob o peso da complexidade paralisante de um "Deus convertido em dinheiro" (Heine), propaga-se o estado de ânimo resignado segundo o qual tudo muda, sem dúvida, mas nada mais dá certo. Todo pensamento que vá além do dia encontra-se sob suspeita. E, ainda assim, nós vemos, cem anos após a revolução infortunada de Heine em 1848, que há progressos, pelo menos aqueles na legalidade. As ideias liberais antecipadoras de Heine sobre uma democracia na Alemanha se impuseram. Porque as suas ideias europeias sobre a superação dos preconceitos nacionais não podem se tornar verdadeiras também, com a ajuda da astúcia da razão econômica?

Quando o Heine estudante de 25 anos de idade viaja a convite de um amigo para a Polônia, ele é profundamente tocado pelo patriotismo transbordante que encontra ali. Em face do destino desafortunado dessa nação dividida pela terceira vez, ele exclama: "Essa convulsão fatal do corpo do povo polonês é uma visão assustadora!". A compaixão não o impede, porém, de refletir ao mesmo tempo:

> Todos os povos da Europa e da Terra inteira terão de vencer essa luta mortal para que resulte da morte a vida, da nacionalidade pagã, a fraternidade cristã. Eu não me refiro aqui ao abandono das particularidades onde o amor [pela pátria] prefere se desenrolar,

mas àquela [...] confraternização universal entre os homens, declamada da forma mais bela pelos oradores mais nobres do povo, Lessing, Herder, Schiller e outros, refiro-me ao cristianismo originário. (v.2, p.80-81)

II
Na esteira da tecnocracia

4
Palavras-chave para uma teoria discursiva do direito e do Estado democrático de direito[1]

Fui solicitado para relembrar primeiramente alguns motivos da escolha da abordagem desenvolvida em *Facticidade e validade* [*Faktizität und Geltung*], baseada na teoria do discurso (1-4), e, na sequência, mencionar alguns pontos de vista sob os quais essa abordagem poderia ser recomendada eventualmente também para os encaminhamentos conceituais mais avançados, direcionando-se a uma conceitualização da constitucionalização do direito das gentes (5-10).

I

Quanto mais aumenta a complexidade da sociedade e dos problemas a serem regulados politicamente, tanto menos parece ser possível se ater à ideia rigorosa de democracia, segundo

---

[1] Trata-se da introdução revisada para uma série de seminários dedicados a *Facticidade e validade*, que se realizou em Heidelberg, de 11 a 14 de fevereiro de 2013, no Instituto Max Planck para Direito Público Estrangeiro e Direito das Gentes.

a qual os destinatários do direito devem ser, ao mesmo tempo, seus autores. Contra essa ideia depõe, já ao primeiro golpe de vista, o modo político incrementalista de um Executivo que se limita a reagir aos imperativos de sistemas funcionais específicos e que, por isso, passa a desacoplar a eleição de seus políticos tão amplamente quanto possível do processo de legitimação. Mas, mesmo sob essas condições, uma abordagem apoiada na teoria da comunicação pode reservar uma certa plausibilidade para a promessa democrática da inclusão, portanto, para a participação de todos os cidadãos no processo político. Não nos cabe reduzir eleições e referendos ao ato do voto. Esses votos alcançam o peso institucional das decisões dos colegisladores somente em vínculo com uma esfera pública vital, isto é, com a dinâmica dos prós e contras de opiniões, argumentos e tomadas de posição flutuando livremente. Eleições políticas são algo diferente de sondagens demoscópicas; elas não devem apenas reproduzir um espectro de preferências existentes. Visto que agora a revolução digital representa apenas um passo a mais no entrelaçamento comunicativo e na mobilização da sociedade civil, temos de nos despedir de uma imagem institucionalmente congelada do Estado democrático de direito. A fluidificação comunicativa da política se presta, como chave sociológica, para entender o conteúdo realista do conceito de *política deliberativa*.[2] E, sob esse ponto de vista, também a construção do Estado constitucional se deixa conceber

---

2 Cf. Bohman; Rehg (orgs.), *Deliberative Democracy. Essays on Reason and Politics*; cf., para indicações sobre a literatura, o excelente ensaio a seguir: Rumenns, Staging Deliberation. The Role of Representative Institutions in the Deliberative Democratic Process, *The Journal of Political Philosophy*, p.23-44.

como uma rede de discursos formadores da opinião e da vontade, juridicamente institucionalizados.

2

Um outro motivo, mais filosófico, para a escolha da abordagem da teoria do discurso é a dissolução do paradoxo que se coloca com o tipo de legitimidade proposto por Max Weber para a "dominação legal": como o surgimento de legitimidade deve ser possível partindo da mera legalidade? O que confere legitimidade a uma ordem jurídica positivada de maneira geral, se é considerado direito tudo o que é gerado conforme um procedimento positivamente posto? A resposta do positivismo jurídico consiste no recurso a uma regra fundamental arbitrariamente adotada ou que se tornou hábito, a título de premissa fundamentadora da validade. Em contrapartida, o direito natural apela para o acesso privilegiado ao conhecimento de leis incondicionalmente válidas, visto que são cosmologicamente ancoradas ou teologicamente fundamentadas. A explicação voluntarista não apreende o conteúdo cognitivo da crença na legitimidade; a explicação do direito natural se apoia em imagens metafísicas do mundo que já não podem mais convencer universalmente em sociedades pluralistas.

Em contraposição a isso, a teoria do discurso atribui ao *próprio* procedimento da formação democrática da opinião e da vontade a força geradora de legitimidade. Pois esse procedimento juridicamente institucionalizado fundamenta uma suposição falível sobre as decisões racionais, quando preenche aproximativamente duas condições: a inclusão simétrica de todos os concernidos ou de seus representantes e a religação da decisão democrática com a troca discursiva e sem coerções de temas e contribuições relevantes no caso (isto é, de informações, razões e tomadas de posição). A fonte normativa da legitimidade brota, segundo essa concepção, da combinação da inclusão de todos os concernidos e do caráter deliberativo de formação da sua opinião e da sua vontade. A ideia da constituição livre e conduzida pela razão de uma vontade comum (isto é, de um resultado aceito na qualidade de um resultado obtido em comum, segundo um procedimento consentido de deliberação e decisão) se expressa, portanto, no vínculo de inclusão e deliberação.

3

Um terceiro motivo é a tentativa de abarcar a oposição existente *prima facie* entre os dois princípios de legitimação da "soberania popular" e da "dominação das leis". Na história da teoria política, os advogados do liberalismo e do republicanismo se altercaram sobre o que deve ter precedência – a liberdade dos modernos, isto é, os direitos de liberdade subjetivos dos cidadãos de sociedades econômicas modernas, ou a liberdade dos antigos, isto é, os direitos de participação política de cidadãos democráticos do Estado. A alternativa leva, pelos dois lados, a consequências desagradáveis. Ou as leis (incluindo a constituição) são legítimas só quando concordam com os direitos humanos moralmente dados, e nesse caso, porém, o legislador democrático não pode decidir soberanamente mas apenas no interior de restrições dadas. Ou as leis (incluindo a constituição) são legítimas sempre que procedem da formação democrática da vontade, e nesse caso, porém, o povo soberano poderia dar-se uma constituição qualquer e decidir normas quaisquer, de modo que não é possível excluir os choques contra as normas que garantem a condição de Estado de direito.

Em contraposição a isso, a fundamentação de um sistema de direitos nos termos da teoria do discurso pode conduzir a questão para fora dos impasses, levando em conta a intuição da co-originariedade de democracia e Estado de direito. Pois, pressupondo que os sujeitos constituintes querem fundamentar deliberativamente uma associação voluntária de parceiros de direito livres e iguais *na linguagem do direito moderno*, eles só podem tomar sua primeira decisão soberana depois que se esclareceram *in abstracto* a respeito de que espécies de liberdades subjetivas de ação eles precisam conceder-se mutuamente, antes de poder regular legitimamente uma matéria qualquer *com os meios do direito moderno*. Sem o propósito de adjudicar-se reciprocamente direitos ao modo das conhecidas e clássicas categorias de direito fundamental, faltaria ao legislador em geral o *medium*, portanto, a linguagem, para a positivação legítima do direito.

4

Um último motivo é conciliar um conflito insatisfatório entre o paradigma jurídico liberal e o do Estado de bem-estar social. A estrutura categorial desse conflito lembra uma separação de papéis, pela qual a compreensão deontológica do direito moderno se distingue daquela da moral. De acordo com a ideia kantiana de autonomia, as pessoas agem livremente se *obedecem* exatamente às leis que elas *se deram a si mesmas*, segundo os discernimentos obtidos intersubjetivamente sobre o que subsiste no interesse simétrico de todos, em cada caso. Ora, o direito coercitivo moderno distribui esses dois momentos da vontade *fiel à lei* e *legisladora* para dois papéis sociais distintos, a saber, de um lado, o papel do destinatário privado do direito, que age autonomamente como cidadão da sociedade no quadro das leis, e, de outro, o papel do colegislador democrático, que faz uso de sua autonomia de cidadão do Estado. O direito do Estado moderno divide a pessoa moral, de certo modo, nas duas pessoas do cidadão da sociedade e do cidadão do Estado.

A interação entre esses dois papéis, exercidos por cada cidadão em união pessoal, fornece então a chave para avaliar o paradigma jurídico liberal e o do Estado de bem-estar social. É assim que denominamos os modelos de sociedade em que (conforme as representações do jurista prático) opera o direito do Estado democrático de direito. A "sociedade do direito privado" dos ordoliberais, que depositam o peso da legitimação unilateralmente sobre a igualdade de chances do cidadão da sociedade, a ser garantida pelas liberdades econômicas, experimenta uma reanimação retórica inesperada no curso do fracasso da política econômica neoliberal. Mas também o modelo do Estado de bem-estar social se limita, sob os pontos de vista da justiça distributiva, às pretensões subjetivas dos clientes das burocracias do Estado de bem-estar, em vez de conceber as realizações do sistema de segurança social *também* como autorização para a participação na autolegislação democrática. Em contraposição a isso, o terceiro, o paradigma procedimental do direito que discuti em *Facticidade e validade*, dirige a atenção para a autoautorização de cidadãos do Estado que coletivamente influenciam suas condições sociais de existência. No centro desse paradigma jurídico, encontram-se os *laços de reacoplamento* entre o processo democrático, que gera direitos e pretensões subjetivas no interesse do cidadão da sociedade, e o asseguramento de uma autonomia privada que, por seu turno, é indispensável para tornar possível um uso ativo da autonomia pública do cidadão do Estado. Um reacoplamento positivo entre autonomia privada e pública é uma condição necessária para a legitimidade da ordem própria de um Estado democrático de direito. Essa legitimidade se vê ameaçada em sociedades com divisão social crescente, nas quais se exerce um reacoplamento negativo, específico das camadas sociais. Aqui se reforçam mutuamente o aumento da abstenção eleitoral de camadas sociais marginalizadas e subprivilegiadas, por um lado, e a preferência por padrões políticos que negligenciam os interesses desses segmentos da população, por outro lado. Investigações empíricas comprovam a existência de um tal círculo vicioso nos EUA e em outras sociedades ocidentais.[3]

5

Eu desenvolvi a concepção de direito e Estado democrático de direito nos termos da teoria do discurso, na época, partindo do exemplo do Estado nacional, mas desde 1989, 1990, eu me ocupei, por razões políticas óbvias, com o processo de unificação europeia e com a política de direitos humanos das Nações Unidas. Mediante o escrito de Kant sobre a paz perpétua, eu também me deparei então com a literatura jurídica

---

3 Offe, Participatory Inequality in the Austerity State: A Supply-Side Approach, p.196-218.

sobre a constitucionalização do direito das gentes.[4] Em relação à questão de saber em que a abordagem da teoria do discurso poderia servir para essa problemática do direito das gentes, eu só posso contribuir com algumas considerações, ao modo de tentativas. De início, gostaria de elucidar o ângulo de visão que me parece mais adequado para tanto.

Quando se considera o Estado democrático de direito sob os pontos de vista da teoria do discurso, a domesticação da arbitrariedade e da violência da dominação política salta aos olhos como a grande conquista histórica. O asseguramento igualitário da liberdade é, no sentido prático moral, um feito civilizador que se pode distinguir do aumento de efetividade das operações organizatórias do Estado administrativo moderno, "dos institutos estatais modernos", no sentido de Weber. A consideração da teoria do discurso sugere que se conceba tanto a *civilização* suscitada pelo direito quanto a *racionalização* do exercício da dominação, possibilitada pela organização, como uma *modificação no estado de agregação da dominação política*, em comparação com os Antigos Regimes. Depois, como uma espécie de continuidade desse processo, apresenta-se também aquela juridificação das relações internacionais, que se principiou desde o fim da Segunda Guerra Mundial, com a passagem do direito das gentes *coordenador* para o *cooperativo*. Desde a fundação das Nações Unidas, as três grandes organizações da economia mundial (Banco Mundial, Fundo Monetário Internacional e Organização Mundial do Comércio) e os sistemas informais

---

4 Cf. minhas considerações em: Habermas, A crise da União Europeia à luz de uma constitucionalização do direito das gentes. In: *Sobre a constituição da Europa: um ensaio*, p.39-107.

de negociação como o G8 e o G20 constituem as bases para a *constitucionalização do direito das gentes*.[5] Essas alterações do direito internacional correspondem a uma mudança nas relações internacionais: a constitucionalização do direito das gentes se encontra em conexão com a complementação do poder de governo, próprio do Estado nacional, por parte de organizações que tornam possível um governo para além do Estado nacional. O que eu concebo, sob o ponto de vista da ciência política, como uma outra *fluidificação da substância violenta decisionista do exercício da dominação* (7) aparece, sob o ponto de vista jurídico, como uma *alteração na composição do medium jurídico* (6). Nesse meio-tempo, essas tendências se vinculam, todavia, com um déficit democrático (8), que só pode ser sanado pela via de uma *transnacionalização da democracia* (9). Isso significa outra coisa que não o estabelecimento de uma federação superdimensionada (10).

6

Junto com o estado de agregação da dominação política, altera-se também, ao mesmo tempo, a *constelação de direito e poder político*.[6] Essa alteração se espelha no peso relativo dos elementos

---

5 Cf. sobre essa classificação do desenvolvimento do direito das gentes, Peter, *Völkerrecht*, p.11 et seq.

6 Abordagens pluralistas do direito atribuíram essas alterações a deslocamentos na relação de poder entre o poder público do Estado e o poder privado econômico de empresas globalmente operantes e, no curso do aumento das *public-private partnerships*, diagnosticaram precipitadamente uma difusão do poder do Estado, positivador do direito. Não foi só o efeito de comedimento da crise bancária que

de que se compõe o direito moderno. O Estado constitucional monopolizador da violência confere às normas jurídicas vigentes um caráter *legítimo* e outro *coercitivo* ao mesmo tempo, razão pela qual Kant fala da "associação da coerção recíproca universal com a liberdade de cada um".[7] O direito ao mesmo tempo legítimo e coercitivo coloca os cidadãos diante da escolha de seguir normas vigentes ou por interesse próprio, na expectativa de sanções, ou por respeito à lei, tendo em vista o procedimento da positivação democrática do direito. Mas, quando se parte da premissa de que um Estado mundial monopolizador da violência não é possível nem desejável, uma concepção dualista do sistema jurídico abrangendo o direito das gentes e dos Estados [*Staatenrecht*] parece ser inevitável. Segundo a leitura convencional, ao direito obrigatório dos Estados, imposto por força da violência de sanção estatal e implementado por tribunais e administrações, cabe um outro modo de validade e um grau de eficácia mais elevado do que cabe ao direito das gentes, ao qual falta a violência de sanção estatal como reserva de segurança. Segundo a concepção convencional, o direito das gentes apoia sua autoridade unicamente em hábitos, contratos internacionais e princípios jurídicos universalmente reconhecidos, ou seja, no consenso dos Estados.

---

levou, na discussão sobre o direito das gentes, a uma outra avaliação do "poder público" nas relações internacionais; cf. Bogdandy; Dann; Goldmann, Developing the Publicness of Public International Law. Towards a Legal Framework for Global Governance Activities, *German Law Journal*, p.1375-1400; cf., sobre o *"public turn"* em geral, Krisch, Global Governance as Public Authority. An Introduction, *International Journal of Constitutional Law*, p.976-987.

7 Kant, Einleitung in die Rechtslehre, p.336-346, 339.

No entanto, essa consequência só é inevitável na medida em que partimos do reconhecimento de que a legitimidade de uma ordem jurídica não pode garantir uma obediência média ao direito sem o pano de fundo da ameaça estatal de coerção. Essa suposição não é mais correta hoje *de maneira geral*. O direito europeu vigente é um exemplo drástico do deslocamento de pesos entre os componentes da coercitividade do direito, por um lado, e do reconhecimento de sua legitimidade e da obediência média do direito, por outro. Na União Europeia, o direito supranacional, na medida em que não é repelido pelos tribunais constitucionais nacionais em casos de exceção qualificados, desfruta de precedência perante o direito nacional dos Estados membros, embora estes, hoje como ontem, monopolizem os meios do emprego legítimo da violência. No direito europeu, que se diferenciou com planos próprios de regulação, o peso relativo entre os dois componentes do *medium* jurídico se deslocou visivelmente em favor de um reconhecimento da legitimidade da autoridade supraestatal (do Conselho e do Parlamento, da Corte Europeia e da Comissão).

Desde o estabelecimento das Nações Unidas, do aumento de tribunais internacionais, da construção do direito penal internacional e, sobretudo, da rápida multiplicação de organizações internacionais em todos os domínios políticos possíveis, observamos também no direito das gentes pelo menos alguns indícios fracos de um deslocamento semelhante entre os componentes da sanção e da legitimação. No mínimo, começa a se fechar o hiato entre o modo de validade do direito dos Estados, armado de sanções, e o modo brando de validade do direito das gentes. A realidade parece aproximar-se, mesmo que na velocidade de um caracol, da concepção unitária do direito das gentes proposta por Hans Kelsen. No entanto, para reconhecer essas tendências como tais, precisamos percebê-las à luz de um conceito flexibilizado de direito. Tão logo modifiquemos o conceito rígido de direito moderno de uma maneira correspondente, parece menos improvável que se torne rotina um dia a utilização dos monopolistas estatais da violência em prol da execução de decisões de um Conselho de Segurança reformado das Nações Unidas, tomadas imparcialmente e controláveis judicialmente.

7

Hoje, mesmo no plano internacional se mostram indícios de uma racionalização do exercício da dominação estatal que corresponde a uma alteração na composição do *medium* jurídico. No direito das gentes clássico, o conceito de soberania estatal pressupõe ainda um conceito "realista" de poder de Estado (no sentido da escola de Hans Morgenthaus). O poder político deveria se manifestar na autoafirmação, racional com relação a fins, de um Estado que age de maneira supostamente autônoma. Este persegue seus interesses nacionais no palco dos jogadores concorrentes, sem ser restringido normativamente no seu espaço de ação por considerações pela comunidade de Estados. Esse padrão político da afirmação e otimização do poder, racional com relação a fins, encontra sua expressão aguçada no *ius ad bellum*, no direito do Estado soberano de conduzir guerras segundo avaliações subjetivas, ou seja, sem a obrigação de justificar-se. Como Carl Schmitt viu corretamente, a derrogação desse direito, isto é, a proscrição da guerra, significava uma cesura na história do direito das gentes. Todavia, o fato de que a guerra em nossa era pós-heroica não representa um meio nem legal nem preferido para solucionar conflitos internacionais, é somente o signo mais visível de uma racionalização da substância violenta do poder estatal.

A rede densa de instituições internacionais retira a base do ideário do direito das gentes clássico de uma maneira diferente. Em uma sociedade mundial altamente interdependente, até mesmo as potências mundiais perdem sua autonomia funcional nos diversos campos políticos. Em face do número crescente de problemas que só podem ser solucionados por ação política em comum, todos os Estados se veem forçados à cooperação. Isso explica o aumento de organizações internacionais com competências regionais ou mesmo globais de longo alcance e um ajuste correspondente da política externa clássica às confrontações na política interna. O núcleo decisionista do poder político se fluidifica uma vez mais no crisol dos fluxos comunicativos de negociações e discursos transnacionais. Os Estados não podem mais se entender exclusivamente como sujeitos soberanos e contratantes; às vezes, agem até mesmo como membros da comunidade internacional.

8

Com o ângulo de visão dado pela teoria do discurso, descobrimos, por outro lado, o crescente déficit democrático que se vincula às duas tendências mencionadas.[8] As alterações na

---

8 Cf., no que concerne à jurisdição internacional, Bogdandy; Venzke, Zur Herrschaft internationaler Gerichte. Eine Untersuchung internationaler öffenticher Gewalt und ihrer demokratischen Rechtfertigung, *Zeitschrift für ausländisches öffentliches Recht und Völkerrecht*, p.1-49.

composição do *medium* jurídico e do exercício do poder político se explicam pela penetração de elementos deliberativos nas relações internacionais, controladas pelo poder, da sociedade mundial em fusão sistêmica. Mas a inclusão de cidadãos no processo supranacional de decisão não segue o ritmo da juridificação de uma cooperação condensada de Estados. Pelo contrário, o governo efetivo para além do Estado nacional é pago, nesse meio-tempo, com um esvaziamento não compensado dos processos de legitimação ligados aos Estados nacionais – e mesmo ali onde um enfeixamento de competências, como é o caso na União Europeia, não prejudica essencialmente os controles do Estado de direito. A melhora nas operações organizatórias, alcançada no plano supranacional graças à cooperação interestatal, pode ser concebida como uma *racionalização* do exercício do poder; mas só poderíamos falar de uma *civilização* se as organizações internacionais exercessem suas competências não apenas na base de tratados internacionais, portanto, *nas formas* do direito, mas também *de acordo com o direito positivado democraticamente*, isto é, legitimamente.

Quanto a isso, uma simples reflexão. Mesmo se todos os membros de uma organização internacional forem democracias cristalinas, a legitimação dos diversos membros, com a cooperação mais estreita e com a crescente profundidade das intervenções resolvidas, basta cada vez menos para justificar as decisões da organização em seu todo. Da perspectiva dos cidadãos de um Estado nacional, existe uma assimetria entre a autorização limitada do próprio representante e o alcance dos compromissos assumidos em comum por todos os representantes, pois estes têm efeitos indistintamente sobre os cidadãos de todos os Estados nacionais participantes. Um outro déficit se assoma a isso. Em oposição às decisões dos gabinetes nacionais, que recobrem todos os campos políticos, a tarefa das organizações funcionais especificadas se limita a determinados domínios de competências, de sorte que, por esse foco estreito, os efeitos externos inesperados das decisões não podem ser considerados. Pelas duas razões, no fundamento jurídico desse tipo de cooperação organizada se insere um paternalismo que tampouco seria eliminado se as organizações internacionais, como se propõe, pudessem ser obrigadas à observância de determinados *standards* de direitos humanos.[9]

9

De modo geral, entendo a circunstância de que se chamem à vida os impotentes sistemas de negociações internacionais, como as conferências do G8 ou do G20, como um sintoma de que a capacidade de controle das instituições existentes se sobrecarregou com os desafios globais urgentes da mudança climática, das crises e dos desequilíbrios econômicos mundiais, dos riscos mundiais de técnicas de longo alcance e assim por diante. As coerções sistêmicas que atravessam as fronteiras nacionais (por exemplo, as do setor bancário global) são poderes sociais naturalizados que têm de ser domesticados. No entanto, com a construção de capacidades de ação supranacionais mais amplas, que poderiam satisfazer essa carência de regulação, só continuaria a se agravar o déficit de legitimidade mencionado. Sob a etiqueta inocente de *"gover-*

---

[9] Lafont, Alternative Visions of a New Global Order. What Should Cosmopolitans Hope For?, *Ethics & Global Politics*, p.41-60.

nance", os regimes tecnocráticos se expandirão na medida em que não se consegue explorar as fontes de uma legitimação democrática também para as autoridades supranacionais. É inadiável uma transnacionalização da democracia. Esse projeto atinge a relação de polícia e mercado e se depara com a resistência política previsível do lado econômico-liberal. Porém, ele se choca também com o ceticismo por parte dos observadores científicos.[10] Nesse aspecto, a teoria do discurso pode também contribuir para suplantar os obstáculos dos hábitos conceituais concretistas.

Um processo de legitimação democrático só se deixará estender para além dos limites nacionais até uma coletividade política desestatizada (como, por exemplo, a União Europeia), se os três pilares que são constitutivos de toda ordem democrática se deixarem compor, nos sistemas supranacionais de vários níveis, de um modo diferente do que acontece no Estado nacional.[11] Só o Estado nacional faz esses pilares coincidirem no espaço social, isto é, o "povo do Estado" (como portador da formação da vontade política) com o "Estado" (como a organização que capacita os cidadãos à ação coletiva) e com a "comunidade civil constituída" (como a associação voluntária de livres e iguais). A ideia de que na constituição de uma democracia supranacional podem participar *em pé de igualdade cidadãos e Estados (já constituídos por cidadãos)* oferece o impulso para refletir sobre uma geometria variável desses componentes. Nisso o conceito de "soberania partilhada" não deve ser mal-

---

10 Niesen (org.), *Transnationale Gerechtigkeit und Demokratie*.
11 Habermas, A crise da União Europeia à luz de uma constitucionalização do direito das gentes.

-entendido. Enquanto no quadro de federações as unidades subnacionais (como os cantões ou "estados regionais" [*Länder*]) só aparecem como os componentes *constituídos* (por um soberano indiviso, pelo povo), os Estados membros de uma democracia supranacional desempenhariam o papel de um poder *constituinte* e manteriam, por essa razão, competências correspondentemente mais fortes no interior da coletividade constituída.

10

As implicações dessa ideia podem ser evidenciadas pelo exemplo da reestruturação hipotética da união monetária europeia em uma União Política. Imaginemos uma convenção constituinte que represente a totalidade dos cidadãos dos Estados europeus participantes, mais exatamente, cada um em sua dupla propriedade como cidadão diretamente participante de uma União Política futura, de um lado, e como membro indiretamente participante de um dos povos europeus, por outro lado (no que estes incumbiram, por sua vez, seus respectivos governos a constituírem os Estados nacionais anteriores como Estados membros da União Europeia). *Em razão dessa composição* da assembleia constituinte em cidadãos europeus e povos europeus, o próprio processo da constituinte seria canalizado de tal forma que a força legitimadora de uma soberania popular "partilhada" desse gênero poderia se transferir de antemão para as instituições de uma coletividade supranacional desestatizada.

No processo constituinte se inseriria um freio contra a constituição de uma federação, na medida em que os representantes dos povos seriam delegados com a incumbência, dada pelos respectivos cidadãos do Estado nacional, de assegurar a existência dos Estados membros futuros em seu papel de fiador de *um nível de liberdade historicamente já realizado*. Por isso, nenhuma das competências dos Estados membros necessárias para a observação desse papel, por exemplo a aplicação administrativa das resoluções da União Europeia ou o monopólio da violência, estaria à disposição no próprio processo constituinte.

Esse arranjo teria consequências substantivas previsíveis não só para assegurar a existência dos Estados membros, para a cláusula *"exit"*, já existente hoje, e para a exigência de unanimidade nas modificações da constituição. Sobretudo, resultariam consequências no que concerne à distribuição de competências divergente do padrão federativo. Imaginemos que a convenção perseguiria sua tarefa pelo caminho de uma reforma dos tratados da União Europeia existentes. Nesse caso, a divergência da futura União Política em relação ao padrão de uma federação europeia seria reconhecível já no direito de controle a ser conservado dos tribunais constitucionais nacionais. Além disso, a divergência concerniria à *participação paritária* requerida dos cidadãos europeus e dos povos europeus (na figura dos Estados membros) na formação do governo, depois à responsabilidade dupla correspondente da comissão formada para o governo perante o Parlamento e o Conselho Europeus e, sobretudo, à participação paritária de ambas as instituições na legislação. Deveriam ser conservadas também a descentralização existente do monopólio estatal da violência, assim como a implementação das leis por parte dos Estados em particular, isto é, a renúncia a um plano administrativo federal independente.

Naturalmente, a ideia de soberania partilhada *na raiz* se limitaria a colocar trilhos para uma tal distribuição de competências entre as instituições europeias e os Estados membros;

para a configuração concreta dos órgãos estatais e da divisão dos poderes no plano europeu, porém, ela deixaria um considerável espaço de ação. Seria preciso discutir sobre como os elementos conhecidos das democracias parlamentaristas e presidencialistas, assim como das democracias de concordância, podem ser ensamblados, de modo que as realidades europeias sejam levadas em conta da melhor maneira, sob o ponto de vista normativo de uma coletividade supranacional, *ao mesmo tempo democrática e capaz de agir.*

5
Na esteira da tecnocracia. Um discurso em prol da solidariedade europeia

I

Em sua forma atual, a União Europeia é tributária do esforço de elites políticas que puderam contar por anos a fio com o assentimento passivo de suas populações, mais ou menos não implicadas, da mesma maneira que os afetados por ela podiam aguardar, no final das contas, também suas vantagens econômicas. A União se legitimou aos olhos dos cidadãos, sobretudo, por seus resultados, e não tanto pela satisfação de uma vontade civil política. Isso se explica não só pela história de surgimento, mas também pela constituição jurídica desse construto peculiar. O Banco Central Europeu, a Comissão e a Corte Europeia intervieram no curso de décadas no mais fundo do cotidiano dos cidadãos europeus, embora estivessem quase inteiramente subtraídos ao controle democrático. E o Conselho Europeu, que, na presente crise, tomou às mãos energicamente os rumos da ação, consiste em chefes de governo que, da perspectiva de seus cidadãos, defendem os próprios interesses nacionais respectivos na distante Bruxelas. Enfim, pelo menos o Parlamento Europeu deveria estabelecer uma ponte entre a luta de opiniões políticas nas arenas nacionais e as decisões em Bruxelas, plenas de consequências. Mas por essa ponte mal passam alguns veículos.

Assim, no plano europeu, existe até hoje um abismo entre a formação política da opinião e da vontade dos cidadãos e as políticas que de fato procuram a solução dos problemas pendentes. Também por isso as ideias sobre a União Europeia e sobre seu futuro são, hoje como ontem, difusas entre as camadas mais amplas da população. Opiniões informadas e tomadas de posição articuladas sobre o curso do desenvolvimento europeu permaneceram até hoje, em grande medida, um assunto de políticos profissionais, de elites econômicas e de cientistas interessados na área; nem sequer os intelectuais usuais se apropriaram desse assunto.[1] O que une os cidadãos europeus hoje são os estados de ânimo céticos em relação à União Europeia, que, no curso da crise, têm se reforçado em todos os Estados membros, mas, por razões diferentes, mais polarizadoras. Para as elites políticas, essa tendência é, sem dúvida, um fato importante; no entanto, não é realmente decisiva para uma política europeia desacoplada amplamente das arenas nacionais. Os campos decisivos da política europeia se formam nos círculos que decidem sobre as *policies*, seguindo diagnósticos de crise duvidosos. Nas orientações correspondentes espelham-se as conhecidas atitudes políticas fundamentais.

Os agrupamentos na política europeia se deixam distinguir segundo variações de atitude que residem em duas dimensões; trata-se aí, por um lado;

---

[1] Lacroix; Nicolaides (org.), *European Stories. Intellectual Debates on Europe in National Contexts*.

— de avaliações opostas do peso dos Estados nacionais em uma sociedade mundial emaranhada e altamente interdependente, assim como, por outro lado;
— das conhecidas preferências em prol ou contra um fortalecimento da política em contraposição ao mercado.

Os campos da tabela cruzada que se formam pela combinação desses pares de atitude, no que concerne ao futuro desejado da Europa, resultam em quatro padrões (em uma simplificação realizada por tipos ideais): entre os defensores da soberania nacional, para os quais as resoluções sobre o Mecanismo de Estabilidade Europeia (MEE) e sobre o pacto fiscal, tomadas desde maio de 2010, já vão longe demais, encontram-se, por um lado, os adeptos ordoliberais de um Estado nacional esguio, e, por outro, os adeptos republicanos ou populistas de direita de um Estado nacional forte. Em contrapartida, entre os apoiadores da União Europeia e de sua integração progressiva encontram-se, por um lado, os liberais econômicos de diversas variedades e, por outro, os apoiadores de uma domesticação supranacional dos mercados financeiros desenfreados. Se repartirmos os advogados de uma política intervencionista mais uma vez, segundo sua posição no espectro entre esquerda e direita, poderemos não só distinguir em meio aos eurocéticos, como mencionado, entre os republicanos ou comunitaristas de esquerda e os populistas de direita, mas também, no campo dos integracionistas, entre os defensores de uma democracia europeia e os tecnocratas. No entanto, os eurodemocratas não podem ser equiparados sem mais aos "eurofederalistas", visto que suas ideias sobre a forma desejável de uma democracia supranacional não se limitam aos moldes de uma federação europeia.

Por enquanto, os tecnocratas e os eurodemocratas formam, juntamente com os liberais econômicos favoráveis ao projeto europeu, a aliança dos que insistem em uma integração mais avançada, no que apenas os democratas supranacionais almejam uma continuidade do processo de unificação com o objetivo de fechar o abismo entre *politics* e *policies*, decisivo para o déficit democrático existente. Todos os três grupos têm razões para sustentar as medidas imediatas acertadas para estabilizar a moeda comum, seja por convicção, seja *nolens volens*. Todavia, é principalmente esse rumo que poderia ser procurado e imposto por um outro grupo de pragmáticos, os quais agem de maneira incrementalista. Sem uma perspectiva de grande alcance, os políticos detentores do poder que decidem sobre os rumos se movem na direção do "Mais Europa", já que por ora querem evitar a alternativa, muito mais dramática e supostamente mais dispendiosa, de um abandono do euro.

Da perspectiva de nossa tipologia, todavia, delineiam-se roturas nessa aliança heterogênea. Os pragmáticos, que determinam os acontecimentos, veem sua velocidade de caracol atingida pela "necessidade" imediata, da economia e da política do dia, ao passo que as forças prospectivas em defesa do projeto europeu se estendem em diversas direções. Os radicais do mercado gostariam de afrouxar, em primeira linha, os vínculos aos quais o Banco Central Europeu continua a submeter-se em sua política de refinanciamento, escolhida por si só; com o vento em popa oriundo dos países em crise abalados, os intervencionistas instam em uma complementação da austeridade imposta pelo governo alemão por meio de ofensivas de investimentos direcionados, no que os tecnocratas poderiam se interessar principalmente pelo fortalecimento da capacidade de ação do Executivo europeu, ao passo que os eurodemocratas somam diversas ideias de uma União Política. Essas três forças se empenham, por motivos distintos, em direções distintas, que vão além do *status quo* precário, ao qual se agarram os governos, que se encontram sob a pressão de legitimação em face do crescente ceticismo em relação à Europa.

A dinâmica dos motivos opostos permite reconhecer que a coalizão existente favorável ao projeto europeu se despedaçará, tão logo os problemas não solucionados obrigarem a uma consideração e a um tratamento da crise que tenham um horizonte temporal ampliado. O roteiro de viagem elaborado pela Comissão, pelo presidente do Conselho e pelo Banco Central para um aprofundamento institucional da união econômica e monetária revela a insatisfação com o modo reativo do procedimento adotado até agora. Os chefes de governo da Zona do Euro exigiram de início esse plano, mas imediatamente voltaram a deixá-lo em banho-maria, já que se assustaram com o ferro quente representado pela transferência formal de direitos de soberania para o âmbito europeu. Para alguns, as ligações republicanas com o Estado nacional continuam a ser fortes demais; para outros, o que desempenha um papel são as razões oportunistas para conservar a própria posição do poder. Porém, o que vincula todos os pragmáticos é o motivo de evitar uma nova modificação nos tratados. Pois, do contrário, também o modo político iria ser alterado, e a unificação europeia iria se converter de um projeto de elites em um modo da cidadania.[2]

---

[2] Eu defendo essa alternativa há mais de duas décadas; cf., por exemplo, Habermas, Staatsbürgerschaft und nationale Identität [1990], p.643-651; id., Nationalstaat und Demokratie im geeinten Europa, p.91-169; id., *Sobre a constituição da Europa*.

2

Aquelas três instituições europeias que, em razão de sua distância relativamente grande em relação às esferas públicas nacionais, se submetem a parcos deveres de legitimação e, no modo de falar de Bruxelas, se chamam brevemente *"the institutions"* — ou seja, a Comissão, a Presidência do Conselho e o Banco Central Europeu (BCE) —, apresentaram para a reunião do Conselho Europeu, em 13 e 14 de dezembro de 2012, propostas que representam uma versão sucinta, e já diplomaticamente emagrecida na matéria, de um esboço de reforma, publicado poucos dias antes pela Comissão.[3] Esse esboço é o primeiro documento mais detalhado em que a União Europeia desenvolve uma perspectiva para passos de reforma em médio e longo prazo, indo além das meras reações proteladoras à crise. Nesse horizonte temporal ampliado, não se coloca mais no campo de visão somente aquela constelação contingente de causas que, desde 2010, têm levado ao entrelaçamento da crise bancária global com a crise das dívidas públicas e com o círculo funesto de um refinanciamento recíproco de Estados sobre-endividados da Zona do Euro e dos bancos carentes de capitais; além disso, são tematizados também os efeitos em cadeia, de origem remota, dos desequilíbrios macroeconômicos estruturais inscritos na própria união monetária.

A União Econômica e Monetária (UEM) se configurou, nos anos 1990, segundo as noções ordoliberais sobre o pacto

---

3 Comissão Europeia, Ein Konzept für eine vertiefte und echte Wirtschafts- und Währungsunion: Auftakt für eine europäische Diskussion. Na sequência, citado como "Esboço". O intrincado documento dá a impressão de que ele foi costurado às pressas.

de estabilidade e crescimento. Ela foi concebida como elemento suporte de uma constituição econômica que deveria estimular a livre concorrência entre os parceiros do mercado para além das fronteiras nacionais, organizando-a conforme regras gerais, vinculantes para todos os Estados membros.[4] Mesmo sem o instrumento de desvalorização das moedas nacionais, ausente em uma comunidade monetária, as diferenças existentes no nível da capacidade de concorrência entre as economias políticas nacionais deveriam se ajustar aos poucos. Mas a suposição de que uma concorrência desenfreada de acordo com regras equitativas levaria a custos salariais semelhantes e bem-estar simétrico e, por isso, dispensaria uma formação política comum da vontade sobre as medidas de política fiscal, orçamentária e econômica, revelou-se falsa. Visto que as condições ótimas para uma moeda comum na Zona do Euro não são preenchidas, os desequilíbrios estruturais, existentes desde o começo entre as economias nacionais, acabaram se intensificando; e vão se intensificar ainda mais, na medida em que a política para a Europa não consegue romper com o princípio segundo o qual a todo Estado membro é permitido decidir soberanamente nas questões da política fiscal, orçamentária e econômica, sem consideração pelos demais Estados membros, ou seja, unicamente da perspectiva nacional.[5]

Apesar de algumas concessões, o governo alemão se ateve a esse dogma até agora. As reformas acertadas deixam intacta

---

4 Esse estado de coisa é elegantemente expresso no "Esboço" com as seguintes palavras (p.2): "A UEM é única entre as uniões monetárias modernas, na medida em que ela vincula uma política monetária centralizada à responsabilidade descentralizada pela maior parte dos domínios da política econômica".

5 Como um dos primeiros a abordar o assunto: Enderlein, *Nationale Wirtschaftspolitik in der europäischen Wirtschaftsunion*.

a soberania dos Estados membros, se não *de facto*, pelo menos de acordo com a forma jurídica. A mesma coisa vale para a vigilância intensificada sobre as políticas orçamentárias nacionais, para a instauração de instrumentos de auxílio ao crédito para Estados sobre-endividados – Facilidade Europeia para a Estabilização Financeira (Feef) e MEE –, também para a instauração planejada de uma união bancária e uma inspeção bancária sediada no BCE (!). Como primeiros passos no caminho até um "exercício comum das soberanias dos Estados em particular", seria possível conceber, no melhor dos casos, os planos, agora colocados em perspectiva, de uma liquidação unitária de bancos arruinados, de um fundo transnacional para garantir os depósitos bancários e de um imposto sobre transação financeira nos limites da UEM.

Apenas o mencionado esboço de reforma da comissão, embora já colocado na geladeira, rende-se à verdadeira causa da crise, isto é, à construção falha de uma união monetária que se atém à autocompreensão de uma aliança de Estados soberanos (os "senhores dos tratados"). Ao final de um atalho reformista, engolido a seco e orientado para mais do que cinco anos, três objetivos essenciais, mas vagamente circunscritos, deveriam ser alcançados de acordo com essa proposta: *em primeiro lugar*, uma formação política comum da vontade, no plano da União Europeia, acerca das "linhas diretrizes integradas" para coordenar as políticas fiscais, monetárias e econômicas dos Estados em particular.[6] Isso exigiria um referendo que impeça que as polí-

---

6 A isso corresponde a autorização da Comissão para "prolongar a preparação de um orçamento de diversos Estados, em uníssono com as obrigações no plano da União Europeia" (Esboço, p.44); manifestamente, essa competência deve ir além das obrigações já existentes em relação à disciplina orçamentária.

ticas de um Estado membro tenham efeitos externos negativos para a economia de um outro Estado membro. *Em segundo lugar*, é preciso prover um orçamento da União Europeia para programas de fomento, especificados de acordo com os países, o qual se basearia na elevação de impostos e na própria administração financeira. Desse modo, seria criado um espaço de ação para investimentos públicos, com os quais se poderiam combater os desequilíbrios estruturais existentes na comunidade monetária. *Em terceiro lugar*, os empréstimos em euro e um fundo para a amortização de dívidas devem possibilitar a comunitarização parcial das dívidas públicas. Com isso, o BCE é desonerado de sua tarefa, assumida informalmente nesse meio-tempo, de evitar a especulação contra diversos Estados membros da Zona do Euro.

Esses objetivos só se realizariam se, na união monetária, as subvenções para além das fronteiras forem aceitas, com os efeitos redistributivos transnacionais correspondentes. Por isso, sob os pontos de vista da legitimação ordenada pelo direito constitucional, a comunidade monetária teria de se reestruturar em uma União Política. Para tanto, o relatório da Comissão coloca em jogo naturalmente o Parlamento da União Europeia, constatando, com razão, que uma cooperação mais íntima "entre os parlamentos [nacionais]" não pode garantir ainda "a legitimidade democrática para as resoluções da União Europeia".[7] Por outro lado, a Comissão leva em consideração as reservas dos chefes de governo e procede segundo o princípio de esgotar radicalmente o fundamento jurídico do Tratado de Lisboa, de maneira que o deslocamento de competências do

---

7 Esboço, p.41.

plano nacional para o plano europeu possa se efetuar furtiva e despercebidamente. Uma alteração nos tratados deve ser adiada até a conclusão do período de reforma.[8] Os novos instrumentos que se destinam a promover, entre as economias nacionais, a convergência das capacidades de concorrência[9] e abrir caminho para uma comunitarização das dívidas[10] são construídos de tal maneira que poupam a ficção de uma autonomia orçamentária nacional subsistente.[11] Todavia, a Comissão paga um alto preço pela construção habilidosa de passagens – de certo modo sem limiares – da suposta federação de Estados soberanos para uma União Política.

---

8 A proposta da Comissão (Esboço, p.16) se esquiva da decisão inadiável, com sua estratégia de "lavar sem molhar": "O aprofundamento deveria acontecer no quadro dos tratados, a fim de evitar uma fragmentação do espaço jurídico que enfraqueceria a União e colocaria em questão o significado sobrelevado do direito da União Europeia para a dinâmica da integração".

9 O "instrumento para a convergência e para a capacidade de concorrência vincula o fomento financeiro, de acordo com o ponto de gravidade, aos tratados que os Estados membros em particular fecham com a Comissão" (Esboço, p.25 et seq. e adendo 1).

10 Esboço, p.33 et seq. e adendo 3.

11 A pseudoautonomia dos Estados membros e o desabamento da legitimação democrática do aumento de poder de um Executivo suspenso no ar, só religado ao Conselho Europeu, mostram-se de maneira exemplar na proposta de um "Instrumento para a Convergência e para Capacidade de Concorrência (ICC)", do qual também Angela Merkel se apropriou no Fórum Econômico em Davos (janeiro de 2013). De acordo com ele, o incentivo necessário, específico para cada país, na base do "diálogo entre a comissão e os Estados membros", dependeria em cada caso de um arranjo entre a Comissão, de um lado, e o Estado em particular que apresenta uma proposta, de outro.

3

Pois a série contínua de passos reformistas encobre o salto necessário que parte da visão ligada à formação da vontade política habitual, restrita à própria nação, para chegar a uma perspectiva inclusiva que envolveria os cidadãos das outras nações desde o ponto de vista de cada nação em particular. Um *apagamento dessa troca de perspectivas* renega a *inovação* que já agora teve o caminho aberto nas instituições e nos procedimentos da União. Na União, o "procedimento legislativo ordinário", na medida em que é aplicado, reúne os resultados da formação política da vontade partindo de duas perspectivas decisórias institucionalmente separadas, mas que concorrem em pé de igualdade. Esse procedimento coloca em uníssono os resultados de uma universalização de interesses a partir de compromissos entre os Estados-nações com aqueles de uma universalização de interesses no âmbito europeu, a qual se efetua na corporação representativa dos cidadãos europeus para além das fronteiras nacionais. Nos jogos experimentais da Comissão, essa *ampliação da perspectiva do Nós dos cidadãos do Estado tornando-se o cidadão europeu*, constitutiva da coletividade política, encontra um lugar envergonhado, como uma espécie de apêndice. O exercício dos cidadãos na dupla perspectiva, unicamente a partir da qual a Europa política mergulha sob uma luz diferente, deve ser representado, certamente, como um processo. Mas a ampliação da perspectiva assumiu, de certo modo antecipadamente, uma forma institucional com a eleição para o Parlamento Europeu e, sobretudo, com a formação de grupos de deputados europeus. Contudo, a proposta da Comissão concede à reestruturação das capacidades de controle a precedência em médio prazo sobre uma ampliação correspondente na base de legitimação, de sorte que *a democratização recuperadora* se apresenta como uma promessa, na condição de luz no fim do túnel. Com essa estratégia, a Comissão também serve naturalmente ao interesse usual do Executivo em ampliar o seu poder. Mas, em primeira linha, ela quer apresentar manifestamente uma plataforma sobre a qual podem se reunir os grupos de distintas orientações políticas.

O incrementalismo vem ao encontro dos pragmáticos, e a reestruturação da capacidade de ação supranacional, dos tecnocratas. Aos radicais do mercado, uma União assimetricamente construída, que dispõe de um Executivo forte, mas suspenso no ar, agrada tanto mais. No documento, a democracia supranacional pode ser a meta declarada. Porém, se as coerções econômicas se entrelaçam funcionalmente com a flexibilidade tecnocrática de um Executivo capaz de ação, existe a probabilidade de que o processo de unificação, planejado para o povo, se interrompa antes do objetivo proclamado, sem a participação do povo. Sem se reacoplar com a dinâmica de uma esfera pública política e de uma sociedade civil mobilizada, falta à administração política o impulso para direcionar às vias socialmente assimiláveis, com os meios do direito democraticamente positivado e segundo os critérios da justiça política, os imperativos da orientação pelo lucro, própria do capital, que se encontra agora em busca de investimentos. Por isso, as preferências funcionais por uma capacidade de ação fortalecida dos órgãos europeus, sem o controle democrático suficiente, são problemáticas não só sob os pontos de vista da legitimação – eles enrijecem estruturalmente um determinado padrão político.[12] A uma tecnocracia

---

12 Cf. sobre isso os trabalhos respectivos de Wolfgang Streeck, por último: Varieties of What? Should we Still be Using the Concept of Capitalism?, *Political Power and Social Theory*, p.311-321; id., *Gekaufte Zeit. Die vertagte Krise des demokratischen Kapitalismus.*

desenraizada em termos democráticos falta tanto o poder quanto o motivo para considerar suficientemente as demandas da população eleitora por justiça social, por segurança de *status*, por serviços públicos e bens coletivos, no caso de conflito com as injunções sistêmicas ligadas à capacidade de concorrência e ao crescimento econômico.

Com o esboço de reforma, todos os agrupamentos são servidos, com exceção dos eurodemocratas. Certamente, nós nos encontramos entre o fogo e a frigideira, entre o que tem de ser feito na política econômica para conservar o euro e os passos rumo a uma integração mais íntima, necessários para tanto, mas impopulares e, em todo caso, deparando-se com a resistência das populações. Mas os planos da Comissão espelham a tentação de lançar uma ponte sobre o abismo entre a injunção econômica e o que parece factível politicamente, *pela via tecnocrática*. Essa via oculta o perigo de que o hiato entre uma consolidação da capacidade de controle, por um lado, e a legitimação democrática exigida para esse aumento de competências, por outro, se abre ainda mais. Nessa esteira tecnocrática, a União Europeia poderia se ajustar por inteiro ao ideal duvidoso de uma democracia conforme ao mercado, que, sem a ancoragem em uma sociedade politicamente mobilizada, estaria exposta aos imperativos do mercado com menos resistência ainda. Nesse caso, os egoísmos nacionais, que a Comissão gostaria de domesticar, formam, junto com a dominação tecnocrática exercida por "pessoas de confiança do mercado", uma mistura explosiva.[13]

---

13 Streeck, Von der Demokratie zur Marktgesellschaft, *Blätter für deutsche und internationale Politik*, p.61-72.

Fora isso, a estratégia de uma democratização protelada se baseia em uma série nem um pouco realista de passos reformistas em curto, médio e longo prazo. Sem dúvida, são as causas com efeitos em longo prazo que desafiam a dar os passos radicais rumo a uma coordenação genuína das políticas orçamentárias, a um fomento direcionado das capacidades de concorrência nacionais e a uma comunitarização das dívidas; porém, é por isso que essas reformas não podem depender, por seu turno, de um longo prazo, por escrúpulo à ficção de uma autonomia nacional intacta. Com efeito, o que sossegou provisoriamente as especulações dos mercados financeiros foram menos os pacotes de resgate irresolutos, ou os controles anunciados de estimativas orçamentárias, do que a operação substitutiva representada por aquela "parede mestra financeira" que o chefe do Banco Central, Mario Draghi, pôde erigir com um único anúncio, propiciando confiança. Acresce-se que a Comissão e o Conselho não poderiam ser capazes de imiscuir-se em uma União Política, mal passando pelas esferas públicas nacionais, sem tencionar demais o arco permitido pelo direito europeu com uma centralização gradativa de competências exercidas de fato. A autorização jurídica secundária da Comissão para a vigilância orçamentária (por meio da legislação "*six-pack*" e "*two-pack*") já excede o crédito de legitimação dos tratados vigentes, merecendo a suspeita dos tribunais constitucionais nacionais e dos parlamentos.

4

Mas qual seria a alternativa ao avanço da integração proposto nos moldes do federalismo executivo? Consideremos primeiramente os encaminhamentos políticos que teriam de ser feitos desde o início na trilha de uma decisão democraticamente legitimada sobre o futuro da Europa. Os três mais importantes são palpáveis:

a) Em primeiro lugar, é necessária uma decisão consistente para reestruturar a Comunidade Monetária Europeia em uma União Política, que se mantenha aberta ao ingresso de outros Estados membros da União Europeia, em especial da Polônia. Embora já tenha surgido uma União de velocidades diferentes com o acordo de Schengen e com a introdução do euro, somente esse passo significa uma diferenciação interna em núcleo e periferia. O aspecto das consequências em termos de direito constitucional é algo que dependeria essencialmente do comportamento da Grã-Bretanha, que requer uma devolução de determinadas competências europeias para o plano nacional. É de se temer – e não se pode excluí-la inteiramente – uma situação que venha forçar a refundar a União (com base nas instituições existentes e em seu desenvolvimento) em prol de uma integração mais avançada.

b) A decisão em prol de um núcleo europeu significaria mais do que simplesmente um outro passo evolutivo na transferência de direitos de soberania particulares. Com o estabelecimento de uma política fiscal, orçamentária e econômica em comum, e, mais ainda, com uma política social coordenada na sequência, seria transposta a linha vermelha representada pela compreensão clássica de soberania. A noção de que os Estados nacionais são "os senhores dos tratados" tem de ser abandonada. Como se torna patente pelo papel político do Conselho Europeu no curso da crise contemporânea e pela jurisprudência do Tribunal Constitucional Federal alemão, essa noção é cada vez mais uma ficção. Por outro lado, é desnecessário conceber o passo rumo à democracia supranacional como uma passagem para os "Estados Unidos da Europa". Confederação ou federação europeia é uma alternativa falsa (e uma herança muito especial da discussão no direito público alemão do século XIX).[14] Antes, as competências de controle ausentes por enquanto, mas funcionalmente necessárias para uma comunidade monetária, poderiam e deveriam ser exercidas de maneira centralizada, no quadro de uma coletividade *supraestatal* e, contudo, *democrática*. Porém, no interior de uma democracia supranacional, os Estados nacionais deveriam ser conservados, juntamente com sua substância estatal (o monopólio da violência e a administração implementadora), na função de Estados democráticos de direito que se dirigem ao asseguramento da liberdade.[15]

c) No plano procedimental, enfim, o destronamento de um Conselho Europeu que se coloca acima do processo de legislação significa passar do intergovernamentalismo para o "método comunitário" [*Gemeinschaftsmethode*]. Na medida em que o procedimento legislativo ordinário, do qual participam o Parlamento e o Conselho em pé de igualda-

---

14 Oeter, Föderalismus und Demokratie, p.73-120.
15 Cf. meu ensaio: A crise da União Europeia à luz de uma constitucionalização do direito das gentes. Um ensaio sobre a constituição da Europa.

de, não se torna o caso normal, a União Europeia partilha um déficit de legitimação com todas as organizações que se baseiam em tratados interestatais. Isso se explica pela assimetria entre o alcance do mandato democrático dos membros e o domínio de competências da organização que estes formam.[16] Também o Conselho Europeu teria de autonomizar-se reiteradamente em relação a seus membros, sem a passagem para outro modo de governo. Pois quanto mais a cooperação dos executivos nacionais se condensa junto com a extensão e com o peso crescente das tarefas, tanto menos as decisões do Conselho podem se apoiar unicamente no tipo de legitimação que deriva do caráter democrático de seus membros. Na medida em que a exigência de unanimidade também é informalmente esvaziada, o governo supranacional significa intromissão estrangeira. Pois, nesse caso, da perspectiva dos eleitores nacionais, os governos estrangeiros, que defendem os interesses de outras nações e que eles não podem influenciar por meio de eleições nacionais, determinam também seu destino político. Esse déficit de legitimação é favorecido ainda pela ausência de publicidade das negociações.

O método comunitário se recomenda não só por essa razão normativa; ele serve ao mesmo tempo à efetividade, visto que ajuda a suplantar o particularismo ligado ao Estado nacional. No Conselho, mas também nas comissões interparlamentares, os representantes, obrigados a observar os interesses nacionais,

---

16 Möllers, *Die drei Gewalten. Legitimation der Gewaltengliederung in Verfassungsstaat, Europäischer Union und Internationalisierung*, p.158 et seq.

precisam produzir compromissos entre campos de interesses dificilmente flexíveis.[17] Em contrapartida, os deputados do Parlamento Europeu, articulados em grupos, são eleitos sob os pontos de vista da preferência partidária. Por isso, a formação política da vontade no Parlamento Europeu pode se realizar já na base de campos de interesses universalizados no âmbito da Europa, na medida em que se constitui um sistema de partidos europeus.

5

Esses três encaminhamentos se deixam realizar somente passando por cima do alto obstáculo institucional representado por uma alteração no direito primário. Por isso, o Conselho Europeu, logo, a instituição que teria de suplantar as grandes dificuldades pelas razões procedimentais nomeadas, precisaria decidir sobre a convocação de uma convenção autorizada a alterar os tratados. Por um lado, os chefes de governo se assustam diante desse passo impopular, já pensando em suas reeleições; tampouco uma desapoderação deles mesmos reside em seus interesses. Por outro lado, eles não podem escapar às coerções econômicas que urgem, cedo ou tarde, para uma integração mais avançada e, com isso, para a escolha entre as alternativas apresentadas. Por ora, o governo alemão insiste na precedência do saneamento orçamentário dos Estados em particular, no

---

17 O argumento sobre o procedimento é ainda a razão, no mínimo infame, da incapacidade do Conselho Europeu de dominar cooperativamente a crise. O fracasso político dos governos da Zona do Euro só não assumiu até agora uma dimensão histórica por causa de uma intervenção do BCE, quase não legitimada.

interior dos governos nacionais, e à custa dos sistemas de seguridade social, dos serviços públicos e dos bens coletivos, isto é, à custa das camadas da população já desfavorecidas. Junto com alguns "países doadores" menores, a Alemanha bloqueia a demanda dos demais membros por programas de auxílios em investimentos direcionados e por uma responsabilidade financeira comum que reduziria os juros para os empréstimos públicos dos países em crise.

Nessa situação, o governo alemão mantém na mão as chaves do destino da União Europeia. Se é que há um governo entre os Estados membros, este seria o que pode tomar a iniciativa para alterar os tratados. No entanto, os outros governos só poderiam demandar o auxílio solidário se eles mesmos estivessem dispostos a dar o passo complementar, exigido pela política constitucional, de transferir direitos de soberania para o plano europeu. Sob outras condições, todo auxílio solidário feriria o princípio democrático segundo o qual o legislador que arrecada impostos para as transferências necessárias é idêntico àquela instituição pela qual se responsabilizam as instâncias competentes pelo emprego de meios. Por isso, coloca-se a questão de saber se a República Federal da Alemanha não só está em condições de tomar a iniciativa correspondente, mas também se ela pode ter algum interesse nisso.

Nesse ponto, não se trata, para mim, em primeiro plano, dos interesses comuns dos Estados membros – por exemplo, do interesse pelas vantagens econômicas em médio prazo de uma estabilização da comunidade monetária para todos; ou o interesse na autoafirmação de um continente que perde importância em comparação com o peso econômico crescente de outras potências mundiais. Com efeito, a percepção do deslocamento de poder do Ocidente para o Oriente na política mundial e o faro para uma transformação na relação com os EUA colocam as vantagens sinergéticas de uma unificação europeia sob uma luz clara. No mundo pós-colonial, o papel da Europa não se alterou apenas em consideração à reputação questionável de antigas potências imperiais, para não falar do holocausto. Também as projeções futuras apoiadas em estatísticas predizem para a Europa o destino de um continente com uma população em encolhimento, com peso econômico decrescente e com significado político minguante. Em vista desses desenvolvimentos, as populações europeias precisam reconhecer que só em comum elas podem ainda afirmar o seu modelo de sociedade ligado ao Estado de bem-estar social e a variedade de suas culturas ligada ao Estado nacional. Elas precisam enfeixar suas forças se querem influenciar ainda a agenda política mundial e a solução dos problemas mundiais. A renúncia à unificação europeia seria também uma despedida da história universal.

Esses interesses certamente entram na balança quando se trata de uma formação da vontade no âmbito europeu a respeito da meta do processo de unificação, que, com efeito, não se esgota nas vantagens econômicas. Mas, em nosso contexto, trata-se do interesse do Estado que deveria tomar a iniciativa, de acordo com a situação das coisas: a Alemanha tem ainda um interesse particular, fundado em sua história nacional, que vá além dos interesses comuns dos Estados nacionais?

Após a Segunda Guerra Mundial e a catástrofe do holocausto, o fomento diplomático de uma aliança com a França e da unificação europeia se impunham para a Alemanha, deitada ao chão e deteriorada política e moralmente, já por razões prudenciais, a fim de reconquistar a reputação internacional destruída pelas próprias mãos. Mas a inserção, exercida com cuidado e cooperativamente, em um entorno europeu vizinho solucionou, principalmente, um problema que remontava mais longe na história, cujo retorno temos boas razões em temer. Depois da fundação do Império no ano de 1871, a Alemanha adotou na Europa uma "posição semi-hegemônica" funesta – segundo as palavras de Ludwig Dehio, "fraca demais para dominar o continente, mas forte demais para se enquadrar".[18] Impedir que esse dilema, superado graças à unificação europeia, se coloque de novo, inscreve-se inequivocamente no interesse da Alemanha.

É por isso que a questão europeia, agravada pela crise, contém um desafio na política interna. Pois o papel de liderança que cabe à Alemanha hoje por causa de seu peso demográfico e econômico não desperta somente ao redor lembranças históricas do regime de ocupação alemã na Segunda Guerra Mundial; ele nutre ideias fatais também na própria Alemanha. Oficialmente incentivada desde 1989-1990, a consciência de uma normalidade reconquistada do Estado nacional tem dois gumes. Ela se deixa inflar em fantasias de poder que instam ou na direção de um isolamento nacional ou na "Europa alemã", não menos questionável. As catástrofes da primeira metade do século XX deveriam ter nos ensinado sobre nosso interesse nacional em evitar duradouramente o dilema de uma posição semi-hegemônica, difícil de vencer. Não é a reunificação o verdadeiro mérito de Helmut Kohl, mas sim o acoplamento

---

18 Cf. análise interessante, mas sempre marcada pela perspectiva da história nacional, de Andreas Rödder, Dilemma und Strategie, *Frankfurter Allgemeine Zeitung*, p.7.

desse acontecimento nacional feliz com o prosseguimento consequente de uma política que integra firmemente a Alemanha na Europa.

Além disso, coloca-se a questão de saber se a Alemanha tem não só *interesses* próprios na procura de uma política solidária, mas se também é *obrigada a isso por razões normativas*. Claus Offe tenta fundamentar uma obrigação normativa para com operações de solidariedade com três argumentos econômicos: mediante o aumento de suas exportações, o país é o que mais tirou proveito até agora da moeda comunitária. Em razão desse excedente de exportações, a Alemanha contribui, além disso, para a intensificação dos desequilíbrios econômicos na união monetária e é parte do problema no papel de um dos causadores. Finalmente, a Alemanha aproveita-se ainda da própria crise, pois ao encarecimento dos créditos para os países em crise sobre-endividados corresponde o barateamento dos próprios empréstimos públicos.[19] Fora isso, o mercado de trabalho se aproveita da afluência de pessoas jovens e bem formadas que não veem nenhum futuro para si nos países em crise.

No entanto, não é inteiramente simples explicitar a premissa normativa sob a qual se pode derivar uma obrigação para com a ação solidária, partindo das consequências assimétricas das interdependências politicamente não dominadas entre as economias nacionais dos Estados membros da união monetária europeia. E mesmo se esses argumentos são irrepreensíveis, sob o pressuposto da conservação da moeda europeia, os oponentes podem se esquivar a essa obrigação com uma opção

---

19 Offe, Europa in der Fale, *Blätter für deutsche und international Politik*, p.76.

pela saída da Zona do Euro, mais precisamente, com um argumento normativo óbvio: visto que a fundação da comunidade monetária europeia foi acertada na época, com unanimidade, sob a premissa de que a autonomia orçamentária nacional não seria tocada por ela, nenhum parceiro do tratado pode hoje ser obrigado a dar outros passos rumo à comunitarização política.

Nessa situação da argumentação, para fundamentar um discurso de defesa em prol da solidariedade europeia é preciso começar mais embaixo, a fim de eliminar as obscuridades que se vinculam ao próprio conceito de solidariedade. Em primeiro lugar, quero mostrar que, de modo algum, subjaz aos apelos pela solidariedade uma confusão da política com a moral. Pode-se e deve-se empregar esse conceito segundo o gênero e o modo políticos genuínos. Em segundo lugar, eu gostaria de lembrar, com um recurso à história conceitual, o contexto especial em que se apresentam apelos por solidariedade. O quão longe as populações da Zona do Euro se encontram hoje em uma situação histórica que requer "solidariedade" nesse sentido é, então, a questão decisiva.

6

Em face dos estados de ânimo nas sociedades civis dos países do euro, somente entram em consideração, na qualidade de sujeitos capazes de ação política, os governos participantes e os partidos políticos decisivos, além dos sindicatos, igualmente fragmentados pelos Estados nacionais. Se esses governos e partidos pudessem se decidir a contrair o risco de confrontar seriamente a população eleitora, pela primeira vez, com alternativas na política para a Europa, eles estariam diante de uma tarefa inabitual. Os partidos políticos se familiarizaram com a modalidade de adquirir legitimação publicitariamente eficaz e não estão preparados para uma formação da opinião e da vontade que marque as mentalidades e divirja das rotinas. Isso não os dispõe nem para a percepção dos desafios extraordinários em situações críticas, nem para a prontidão de entregar-se a um engajamento arriscado. A famigerada frase segundo a qual "pessoas fazem história" não é mais verdadeira por conta dessas circunstâncias infelizes; mas essas circunstâncias levam alguém a cismar se a pessoa certa na hora certa não poderia, ainda assim, influenciar de um modo ou de outro os encaminhamentos históricos plenos de consequências.

Seja como for, os partidos políticos teriam de lembrar-se, a princípio, que eleições democráticas não são sondagens, mas o resultado de uma formação pública da vontade na qual os argumentos contam. Pois em uma situação de partida arriscada, com estados de ânimo fortemente contrastantes, as maiorias só são passíveis de inversão por meio de um empenho discursivo contínuo, nesse caso prosseguido para além do espaço de tempo de um período eleitoral. Nesse contexto, é importante clarificar o valor posicional do argumento em favor da solidariedade. Em contextos sociopolíticos, os argumentos morais da justiça distributiva levam em conta, em questões constitucionais, razões jurídicas. Para despir os apelos em prol da solidariedade das falsas conotações do não político, que os assim chamados realistas gostam de imputar ao conceito, eu quero distinguir a obrigação para com a solidariedade das obrigações de natureza moral e jurídica.

Assistência solidária é um ato político que de modo algum requer uma abnegação de natureza moral, deslocada em contextos políticos. Konstantinos Simitis, o primeiro-ministro grego na época da admissão da Grécia na Zona do Euro, escreve o seguinte no *Frankfurter Allgemeine Zeitung*, de 27 de dezembro de 2012:

> Solidariedade é um conceito que não agrada a certos países da União. Eles vinculam a ele uma interpretação que se concentra inteiramente na necessidade de apoiar aqueles países que não cumprem suas obrigações. Mas a realidade força a uma assistência mútua cuja dimensão não é prescrita somente por textos jurídicos.[20]

O autor contesta o caráter solidário da política para a Europa imputável à Alemanha. Sem dúvida, Simitis mora sob telhado de vidro, mas ele tem razão, apesar disso, com sua compreensão da expressão. Portanto, o que significa solidariedade?

Embora os dois conceitos tenham a ver entre si, "solidariedade" não se refere à mesma coisa que "justiça", no sentido moral ou jurídico da palavra. Nós denominamos "justas" normas morais e jurídicas quando elas regulam práticas que residem no interesse simétrico de todos os concernidos. Normas justas asseguram a todos as liberdades iguais e a cada um o respeito igual. Naturalmente, há também deveres especiais. Parentes, vizinhos e colegas de empresa podem, em determinadas situações, aguardar mais ou um tipo diferente de ajuda do que de estranhos. Embora se restrinjam a determinadas relações sociais, também esses deveres especiais podem pretender validade universal. Por exemplo, pais infringem seu dever

---

[20] Simitis, Flucht nach vorn, *Frankfurter Allgemeine Zeitung*.

de assistência quando negligenciam a saúde dos filhos. No entanto, a medida desses deveres positivos é indeterminada em muitos casos; ela varia com o tipo, a frequência e o peso das relações sociais respectivas. Se um primo distante retoma após décadas o contato com a prima surpresa e, por causa de uma situação de urgência, pede-lhe uma doação financeira considerável, ele dificilmente pode apelar para uma obrigação moral, isto é, universalmente válida, mas, no melhor dos casos, a uma ligação de caráter "ético" (como Hegel teria dito), resultante das relações de parentesco. A pertença à família mais ampla só fundamentará uma obrigação quando a relação existente de fato entre os implicados permite esperar que a prima, por seu turno, possa contar com a assistência do primo em uma situação semelhante. Nesse caso, *a eticidade* de um convívio informalmente costumeiro, *que funda a confiança*, requer o *comportamento recíproco previsível*, sob a condição de que cada um "responde" pelo outro.

Tais obrigações "éticas", que devem ser distinguidas das obrigações morais e jurídicas e que se enraízam nas ligações de uma comunidade previamente existente, de modo típico nas ligações familiares, caracterizam-se por três traços distintivos. Eles fundamentam as pretensões excedentes ou supererrogatórias que vão além daquilo a que o destinatário é obrigado jurídica ou moralmente. Por outro lado, esse tipo de pretensões, tendo em vista a motivação requerida da ação, exige menos do que a obrigatoriedade categórica de um dever moral, mas tampouco coincide com o caráter coercitivo do direito. Mandamentos morais devem ser seguidos a despeito do comportamento futuro dos outros, por respeito à própria norma subjacente, enquanto a obediência jurídica do cidadão está ligada à condição de que o poder de sanção estatal garante uma observância geral às leis.²¹ O cumprimento de uma obrigação ética, em contrapartida, não pode ser *nem forçada, nem categoricamente exigida*. Pelo contrário, ele depende da previsibilidade do comportamento recíproco – e da confiança nessa reciprocidade, temporalmente estendida.

Nesse sentido, o comportamento ético não coercível vai ao encontro, em médio ou longo prazo, também do próprio interesse. É exatamente esse aspecto que a "eticidade" partilha com a "solidariedade", no que esta, contudo, não se refere aos contextos de vida pré-políticos como a família, mas às comunidades políticas. O que distingue ambas, eticidade e solidariedade, do direito e da moral é a referência a uma "irmanação" no interior de um tecido social que fundamenta tanto as expectativas exigentes de uma parte, que vão além do estritamente exigido, quanto a confiança da outra parte no comportamento recíproco futuro.²² Retemos: "moral" e "direito" se referem às liberdades iguais de indivíduos autônomos; "solidariedade", ao interesse comum, incluindo o próprio bem-estar, na integridade de uma forma de vida política comum.²³ Sem dúvida,

---

21 No Estado constitucional, as normas jurídicas devem preencher, no entanto, também as outras condições da legitimidade, de sorte que elas *podem* ser seguidas não apenas por legalidade, mas também – tendo em vista o procedimento de geração democrática da norma – por "respeito à lei".

22 Wildt, Solidarität – Begriffsgeschichte und Definition, p.210 et seq.

23 Em publicações anteriores eu estabeleci um nexo estreito demais entre justiça moral e solidariedade/eticidade; cf. Habermas, Gerechtigkeit und Solidarität [1984], p.49-76. Eu não mantenho em pé o enunciado: "A justiça deontologicamente concebida exige como

o conceito de solidariedade extrai essas conotações semânticas da lembrança de comunidades naturalizadas como as famílias ou as corporações, mas, com ele, a semântica da "eticidade" se altera nos dois aspectos seguintes.

O que o comportamento solidário pressupõe são contextos de vida políticos, portanto, organizados juridicamente e nesse sentido artificiais. O nacionalismo encobre essa diferença entre "solidariedade" e "eticidade" pré-política. Ele se vale do conceito injustamente quando escreve "solidariedade nacional" sobre suas bandeiras e com isso imputa à solidariedade do "cidadão do Estado" a coesão do compatriota.[24] Desse modo, oculta-se a circunstância de que o adiantamento de confiança que o comportamento solidário pode pressupor é menos robusto do que no caso do comportamento ético. Ele não pode se apoiar na evidência das relações éticas convencionais de uma comunidade existente naturalizada. O que, sobretudo, confere ao comportamento solidário uma nota especial é, em segundo lugar, o *caráter ofensivo* da urgência para cumprir uma promessa que está inscrita na pretensão de legitimidade em cada ordem política. Esse caráter vem à tona em especial no bojo dos processos de modernização econômica, quando a ação solidária é necessária para ampliar as formas de integração sobrecarregadas de uma ordem política atropelada, isto é, adaptá-las às in-

---

seu outro a solidariedade" (ibid., p.70); ela leva a uma moralização e a uma despolitização do conceito de solidariedade; cf. sobre isso também meu comentário sobre Maria Herrera Lima: Habermas, Religion und nachmetaphysisches Denken. Eine Replik, p.127 et seq., 131-133.

24 Habermas, Inklusion – Einbeziehen oder Einschließen? Zum Verhältnis von Nation, Rechtsstaat und Demokratie.

terdependências de longo alcance, produzidas sistemicamente, que se fazem notar aos próprios cidadãos só indiretamente, como restrição de sua autodeterminação política. A seguir, gostaria de elucidar duas dimensões semânticas do conceito, primeiramente a referência aos contextos de vida políticos, e em seguida ao caráter abstrato da confiança em uma reciprocidade que é garantida por relações juridicamente organizadas.

7

O discurso corrente sobre a "solidariedade entre cidadãos do Estado" pressupõe o contexto de vida juridicamente construído de uma coletividade política, normalmente de um Estado nacional. A indignação com a lesão à solidariedade entre cidadãos do Estado se exterioriza, por exemplo, no furor contra os sonegadores de impostos que se furtam da responsabilidade para com a coletividade política, cujas vantagens eles desfrutam com desenvoltura. Certamente, a sonegação de impostos é também uma infração contra o direito vigente. No afeto contra esses aproveitadores se expressa, porém, a mesma expectativa de solidariedade desiludida que se manifesta no desprezo por todos os Depardieus que fazem evasão fiscal nesse mundo, que deslocam sua residência, ou a sede de sua firma, para o exterior *legalmente*. Como é perceptível no desenvolvimento do Estado de bem-estar social, as expectativas de solidariedade podem se transformar em pretensões jurídicas.[25] Hoje, ainda é uma questão de solidariedade, e não de direito, saber com quanta

---

25 Hauke Brunkhorst fala da "transformação da solidariedade no *medium* do direito"; Brunkhorst, *Solidarität unter Fremden*, p.60 et seq.

desigualdade querem viver os cidadãos de uma nação próspera. Não é o Estado de direito que freia o aumento do número de jovens sem trabalho, dos desempregados por longo tempo e dos empregados sem seguridade, dos velhos, cujas pensões mal bastam para sobreviver, ou das mães solteiras empobrecidas, que dependem de almoços barateados, vale dizer, das cantinas de sopa. Só a política de um legislador que é sensível às pretensões normativas de uma sociedade civil democrática pode converter as pretensões de solidariedade dos marginalizados e de seus advogados em direitos sociais.[26]

---

26 No caso da involução de conquistas sociais, esse pano de fundo dos direitos sociais formado pela solidariedade vem à tona de novo. O presidente do conselho do Hospital Charité de Berlin, Karl Max Einhäupl, serve-se com razão do conceito de solidariedade quando, em uma entrevista no *Frankfurter Allgemeine Sonntagszeitung*, coloca em questão o igual tratamento dos pacientes, logo, de seus direitos, referindo-se aos custos crescentes da tecnologia médica: "Temos de renunciar um pouco mais à solidariedade. Mas temos de refletir, como sociedade, sobre de que maneira podemos reduzir o máximo possível os danos à solidariedade. A decisão de a quem cabe o que não pode ser deixada ao critério do médico em particular" (Hoffmann; Wehner, Bislang kann jeder Patient alles haben. Interview mit Charité-Chef Karl Max Einhäupl, *Frankfurter Allgemeine Sonntagszeitung*, p.2). Por que não se fala aqui de justiça? Manifestamente, já hoje se deixa ao critério do médico particular, em seu sentimento de justiça moral, se cabem a seus pacientes do sistema público, em casos iguais, o igual tratamento e os medicamentos igualmente eficazes que cabem aos assegurados privados. A justiça intervém ainda quando um tratamento desigual – como nos casos extremos do escândalo das doações de órgãos – tem para os pacientes desfavorecidos consequências de vida ou morte. Na entrevista, o chefe clínico interrogado não fala de direito e de moral, mas, de maneira bem considerada, de solidariedade, visto que, tendo em vista o seu

A despeito das diferenças entre solidariedade, por um lado, e direito e moral, por outro, existe um nexo conceitual íntimo entre a "justiça política" e a "solidariedade".[27] Em Portugal, o presidente conservador Aníbal Cavaco Silva apelou, na virada do ano de 2012 a 2013, para a corte constitucional a fim de fazer com que se examinasse o orçamento austero acordado por seus amigos de partido, já que ele considerou desagradáveis – no sentido da justiça política – as consequências sociais do padrão político impingido pelos credores (em especial a oneração unilateral de funcionários, de empregados públicos, dos dependentes da seguridade social e dos pensionistas). Com isso, o presidente traduz aqueles protestos nas ruas, que, em todos os países em crise, reclamam solidariedade das elites nativas e dos assim chamados países credores, para a linguagem da justiça política. Quanto mais injustas são as condições *políticas*, tanto mais os desfavorecidos têm razão em cobrar solidariedade da parte dos privilegiados. Todavia, as exigências de solidariedade se referem a uma coesão social difícil de determinar. A medida de integração social politicamente exigida não se esgota em grandezas mensuráveis; o grau desagregador

---

tema, isto é, a questão espinhosa e mesmo monstruosa de uma seleção de pacientes tratáveis para métodos caros de tratamento, ele quis deslocar a responsabilidade do médico individual para a política e, por isso, adota, em vez da perspectiva do indivíduo, a do coletivo, a totalidade dos cidadãos. A questão da solidariedade entra em jogo com a referência à *totalidade dos pacientes*, que – no caso de chegar-se tão longe a ponto de alguns poderem desfrutar privilégios importantes para a vida à custa dos outros – são todos os cidadãos da mesma coletividade política.

27 Eu penso no conceito de justiça política cunhado por John Rawls.

da anomia social assinala um valor limite. Por isso, em questões de justiça política e de solidariedade, trata-se sempre do mais ou menos, enquanto as questões binariamente estruturadas da justiça moral e da jurídica exigem um "sim" ou "não".

Essas condições conceituais mostram que a "solidariedade" (diferentemente da "eticidade") não se refere ao contexto de vida existente, e sim a um contexto de vida certamente pressuposto, mas *configurável politicamente*. Esse componente semântico ofensivo que se soma à referência política só se torna claro quando passamos da clarificação conceitual a-histórica para a análise própria da história conceitual. Pois, de maneira surpreendente, o conceito de solidariedade é de data assombrosamente recente, ao passo que, já nas primeiras altas culturas, portanto, desde o terceiro século antes de Cristo, debateu-se sobre "direito" e "não direito" [*Recht und Unrecht*]. A palavra "solidariedade" remonta, sem dúvida, ao direito penal romano; mas ela só assume um significado político com a Revolução Francesa em 1789, e ainda assim no vínculo inicial com o lema da "fraternidade". O conceito combativo de *fraternité* é tributário da universalização humanista de uma consciência gerada pelas religiões universais; ele remonta àquela experiência ampliadora de perspectivas de que a comuna local própria é vivenciada como parte da comunidade de todos os crentes. Este é o pano de fundo do conceito de fraternidade, secular e ligado às religiões da humanidade, que no curso da primeira metade do século XIX foi aguçado pelo socialismo em sua fase inicial e pela doutrina social católica, um pouco mais tarde pela social--democracia, tendo em vista a questão social atual e fundido com o conceito de solidariedade. Heinrich Heine ainda emprega, no *Vormärz*, os conceitos de "fraternidade" e de "solidariedade" mais ou menos como sinônimos.²⁸ Ambos os conceitos se separam no curso das reviravoltas sociais provocadas pelo capitalismo industrial que se aproximava e pelo movimento operário incipiente. Pois, nessa constelação história, a herança da ética da fraternidade judaico-cristã dirigida à salvação ou à emancipação contrai, na concepção da solidariedade, um vínculo com o republicanismo de procedência romana, dirigido à liberdade jurídico-política.²⁹

O conceito surgiu em uma situação que se tratava para os revolucionários de reivindicar solidariedade no sentido de uma *reconstrução de resgate* das relações de solidariedade familiares, mas esvaziadas pelos processos de modernização de longo alcance.³⁰ Em parte, o socialismo inicial dos aprendizes de ofício desenraizados retirava também suas energias utópicas das recordações nostálgicas e transfiguradas do mundo da vida das corporações, paternalisticamente protegido. Na época, a diferenciação funcional acelerada da sociedade, de certo modo, gerou interdependências espaciais atrás das costas de um mundo da vida marcado pelo patriarcalismo, pelos estamentos de ofício e, ainda mais profundamente, pelas corporações. Com isso, surgiram dependências funcionais mútuas que foram, de certo modo, o ensejo para recolher as oposições de classe, que irrompiam então, em formas ampliadas de integração política,

---

28 Cf. as ocorrências no índice de matéria da edição das obras de Heine ao encargo de Klaus Brigleb: Heine, *Sämtliche Schriften*, v.6, p.818.
29 Brunkhorst, *Solidarität – Von der Bürgerfreundschaft zur globalen Rechtsgenossenschaft*.
30 Metz, Solidarität und Geschichte. Instituionen und sozialer Begriff der Solidarität in Westeuropa im 19. Jahrhundert, p.172-194; de maneira parcialmente crítica, Wildt, Solidarität, p.202-217.

ligadas ao Estado nacional. Os apelos por "solidariedade" tiveram sua origem histórica na dinâmica das novas oposições de classe. Pois, diante das coerções sistêmicas que vão além das antigas relações de solidariedade, as novas formas de organização do movimento operário reagem com apelos de solidariedade bem fundados: os aprendizes de ofício socialmente desenraizados, os trabalhadores, os empregados, os diaristas deveriam se juntar, indo além das relações de concorrência sistemicamente produzidas no mercado de trabalho.

A oposição entre as classes sociais no contexto do capitalismo industrial só foi institucionalizada de maneira sólida no quadro dos Estados nacionais democraticamente constituídos. Os Estados europeus, que só depois das catástrofes das duas guerras mundiais assumiram a forma atual do Estado de bem-estar social, voltaram a ficar, no curso da globalização econômica, sob a pressão explosiva de interdependências economicamente geradas, que atravessam impassivelmente as fronteiras nacionais. Novamente, são as coerções sistêmicas que explodem as relações de solidariedade costumeiras, forçando a uma reconstrução das formas de integração política detalhadas do Estado nacional. Desta vez, as contingências sistêmicas, politicamente não dominadas, produzidas por um capitalismo impelido por mercados financeiros desembaraçados se condensam em tensões entre os Estados membros da união monetária europeia. É dessa perspectiva histórica que a expectativa de solidariedade de Konstantinos Simitis obtém sua legitimidade.

Ele se refere expressamente à rede de interdependências existentes há muito tempo que deveriam ser recolhidas agora nas formas reconstruídas da integração política, sob o ponto de vista normativo de um equilíbrio equitativo de vantagens e desvantagens contingentes entre os Estados membros. Em vista das diferenças estruturais entre as economias nacionais, se queremos conservar a união monetária, não basta mais garantir crédito para os Estados sobre-endividados, a fim de que cada um deles aumente por força própria sua capacidade de concorrência. Em vez disso, é preciso um esforço cooperativo empreendido em uma perspectiva política comum, a fim de promover o crescimento e a capacidade de concorrência na Zona do Euro por inteira. Um semelhante esforço exigiria da Alemanha, no interesse próprio em longo prazo, que ela acolhesse os efeitos redistributivos negativos em curto e médio prazo – no sentido exposto, este seria um caso exemplar de solidariedade política.

III
*Situações europeias.
Intervenções continuadas*

6
O próximo passo. Uma entrevista[1]

Hubert Christian Ehalt: *A história europeia dos últimos quarenta anos é contraditória em grande medida: os anos 1970 trouxeram, em muitos aspectos, abertura, fortalecimento da sociedade civil, elaboração do passado. A dinamização do processo de integração trouxe a tecnocratização e a economização. Esse desenvolvimento pode ainda ser detido?*
Jürgen Habermas: Eu não sei se essas duas tendências que o senhor destaca com razão não remontam a desenvolvimentos mais universais, que vão além da Europa. O movimento estudantil dos fins dos anos 1960, visto no todo, desencadeou uma onda de liberalização de nossas sociedades do pós-guerra, principalmente das mentalidades políticas. Na Alemanha, até o fim dos anos 1980, se impôs, em todo caso, uma certa civilização da cultura política. Tendências análogas foram perceptíveis em toda a Europa ocidental, no que não podemos esquecer as não simultaneidades das histórias nacionais. A partir dos anos 1980, outros impulsos libertários vieram dos países da

---

[1] Concedida a Claus Reitan e Hubert Christian Ehalt para *Die Furche* (Viena), em maio de 2012.

Europa central, que se libertavam da dominação soviética – eles converteram as forças espontâneas da sociedade civil em um tema com efeitos de longo alcance. Mas, após a "virada", que com razão é chamada assim porque ela foi uma revolução recuperadora, a folha foi virada. Um certo triunfalismo deu um impulso à solução anglo-saxã dos problemas acumulados nesse meio-tempo. No curso da globalização econômica politicamente propositada, a doutrina da Escola de Chicago, já praticada por Reagan e Thatcher, se impôs mundialmente. A política da inflação controlada, que se tornou insustentável, foi substituída por empréstimos públicos forçados, quando não se quis deixar que o Estado de bem-estar social fosse arruinado pelos mercados desenfreados. Em todo caso, pode-se considerar o longo ritmo do endividamento público crescente também como o reverso da delimitação neoliberal dos espaços de ação do Estado nacional.

Claus Reitan: *Como a esfera pública pode classificar os textos contidos em seus volumes* Sobre a constituição da Europa *e* Ach, Europa [Ah, Europa]? *Como manifestos? Intervenções? Visões?*
Habermas: Claro, o senhor pode chamar as tomadas de posição na imprensa, como esta aqui, de intervenções. Mas manifestos? De vez em quando, não muito frequentemente, subscrevemos também algum manifesto. E visões não fazem parte do trabalho do professor, nem da atividade paralela de intelectual. Não quero fazer alguém crer que eu possa prever o futuro. Talvez o senhor esteja pensando em algo diferente: o derrotismo cínico dos chamados realistas, que não concebem que os diagnósticos mais sombrios não nos desoneram de buscar o melhor, é para mim algo como um adversário estrutural.

Certamente, na República de Bonn, as continuidades pessoais que atravessaram o período nazista e as mentalidades correspondentes me incitavam. Foi só depois de 1989-1990 que os rumos mundiais dirigiram meu olhar seriamente para os problemas de uma nova ordem jurídica e política da sociedade mundial, desde então prestes a surgir. Durante a primeira guerra do Iraque, esse interesse se inflamou no debate sobre as intervenções humanitárias. A constitucionalização do direito das gentes é, desde então, o quadro em que reflito também sobre o direito europeu e sobre a política para a Europa, mas sempre tendo como pano de fundo, em termos de teoria social, a relação desequilibrada entre política e mercado. Esse deslocamento de interesses encontrou seu sedimento pela primeira vez em 1991, em uma entrevista do tamanho de um livro com Michael Haller.[2] Desde o aparecimento de *Die postnationale Konstelation* [A constelação pós-nacional] (1998), a cadeia de intervenções políticas em favor de uma unificação mais avançada da Europa não se rompeu mais. Dela faz parte também o pequeno volume *Ach, Europa*. Mas, ao ensaio publicado em 2011, *Sobre a constituição da Europa*, eu vinculo também uma outra ambição, uma ambição acadêmica. A esse pequeno volume se acresce o papel de uma "intervenção" somente graças ao contexto da crise financeira e bancária prolongada. Mas, no cerne, trata-se aí de uma questão científica.

Reitan: *Isso o senhor precisa explicar. Quais foram os motivos para essa dedicação aprofundada e detalhada à Europa – à obra de unificação e à crise presente de legitimação e econômica?*

---

2 Habermas, *Vergangenheit als Zukunft? Das alte Deutschland im neuen Europa? Ein Gespräch mit Michael Haller* [Passado como futuro? A antiga Alemanha na nova Europa? Um diálogo com Michael Haller].

Habermas: O ponto de partida é o discernimento econômico que obtemos da crise: os desequilíbrios estruturais na Zona do Euro requerem um governo comum sobre a economia, que avance a passos largos também para outros campos políticos, como o fiscal e o social, e leve a efeitos redistributivos para além das fronteiras nacionais. Já agora os pacotes de resgate fundamentam uma comunidade de responsabilidade [*Haftungsgemeinschaft*], e também agora ocorre um deslocamento de competências dos parlamentos nacionais para os governos dos Estados membros da comunidade monetária, representados no Conselho Europeu. Esse deslocamento de peso, que o pacto fiscal selará, já nos obriga a uma alteração constitucional, se não queremos admitir que a democracia na Europa seja esvaziada ainda mais. Mas um semelhante passo significaria, ao menos para o núcleo europeu, um salto quântico no processo de unificação.
Até agora a unificação europeia foi um projeto empurrado pelas elites, por cima das cabeças da população. Tudo ia bem enquanto todos tiravam alguma coisa daí. A adaptação ao projeto, não só tolerado, mas também suportado pelas populações nacionais, tem de baixar o alto limiar de uma solidariedade entre cidadãos da Europa que ultrapasse as fronteiras. Por isso, deve-se também continuar a se ter cautela em despertar medos desnecessários por causa do objetivo falso de uma federação europeia. Em meu ensaio, procuro mostrar que pode haver uma transnacionalização da democracia também em outra forma. Eu me familiarizei um pouco com o direito europeu, a fim de responder à questão que é decisiva para a esfera pública cética: como conceber a coletividade supranacional necessária para a cooperação mais íntima, caso devam se satisfazer as exigências rigorosas de legitimação democrática, sem que ela própria assuma o caráter de um Estado – o temido "monstro" da federação.

Reitan: *E por isso o senhor consta entre os primeiros signatários do "Nós somos Europa! Manifesto pela refundação da Europa a partir de baixo" e do "Refundar a Europa"?*
Habermas: Sim, um manifesto foi iniciado por Ulrich Beck e Daniel Cohn-Bendit, o outro, por líderes sindicais e economistas de esquerda. Apesar dos pontos de abordagem diferentes, ambos os manifestos me convenceram, visto que espelham uma consciência da crise que não paralisa, mas é criativa – espelham a atualidade do perigo representado pelo fracasso de um projeto histórico, tornando evidente a necessidade de uma refundação da União Europeia.

Ehalt: *Então nos encontramos agora em um ponto em que a refundação da Europa, no sentido de uma curiosidade cultural por outros povos europeus, pelos ambientes e desenvolvimentos tão diferentes, tem alguma chance pela primeira vez?*
Habermas: Eu não tenho nenhuma ilusão a respeito da extensão do euroceticismo – em especial, nos "países credores" potenciais. Mas não se pode subestimar tampouco a dialética que desdobra hoje o lastimável impulso econômico do processo de unificação. As colunas de economia dos jornais suprarregionais não nos ensinam realmente sobre as causas dessa situação indescritível, na qual os Estados e o Banco Central Europeu precisam se deixar extorquir pelos mercados financeiros e por um sistema bancário subfinanciado, objetivando garantias e injeções de liquidez cada vez mais largas. Os Estados são, ao mesmo tempo, os clientes dos bancos que têm de salvar, embora estes continuem a arrebanhar ganhos enormes e a tocar adiante, alegremente, os acontecimentos críticos, como se não fosse nada. Desse círculo vicioso, os governos em particular não conseguem se libertar por meio de arrecadação fiscal mais elevada,

pois com isso eles assustariam os investidores e ainda ameaçariam as contribuições fiscais remanescentes dos operadores financeiros (como na maioria dos outros países europeus). O imposto sobre transação financeira, exigido há décadas, que ao menos implicaria os causadores nos custos, fracassa justamente em razão da desunião política da Europa. E, no entanto, nessa situação árdua, também é possível reconhecer uma astúcia da razão econômica. Pois esta nos coloca diante de alternativas que forçam a agir, mesmo se as elites políticas se esquivarem a essas alternativas por medo de seus eleitores. Falta à Europa *political leadership*. Eu não gosto de dizer essa expressão, já que em tempos normais o oportunismo por poder e sem imaginação dos partidos basta para manter a máquina em marcha. Mas, em tempos críticos, o incrementalismo de pequenos passos, de visão e coragem curtas, personificado por Angela Merkel, não ajuda muito.

Ehalt: *Há uma série de economistas, como por exemplo Joseph E. Stiglitz, que exigem um "New Deal" para a Europa, diante dos postulados ubíquos de austeridade.*
Habermas: Sim, suas análises apontam na direção certa, na minha concepção. Além disso, os economistas políticos, como Fritz Scharpf e Henrik Enderlein, oferecem uma explicação um pouco mais específica de por que essa crise na região monetária do euro surgiu e se estufa cada vez mais. A moeda comum só aprofundou as diferenças consideráveis no grau de desenvolvimento e na capacidade de concorrência dos sistemas e das culturas das economias nacionais. Pois, na comunidade monetária europeia, a ausência de um mecanismo de desvalorização das moedas nacionais não pode ser compensada, como, por exemplo, nos EUA, por outros mecanismos – por exemplo,

a mobilidade das forças de trabalho ultrapassando as fronteiras ou o efeito redistributivo inter-regional de uma política social comum. Por essa razão, o euro acabou promovendo no passado, antes de mais nada, os desequilíbrios estruturais entre as economias nacionais. E quanto a isso, nada se alterará tampouco, enquanto o *slogan* "Mais Europa" não significar mais do que um acerto intergovernamental dos políticos ainda formalmente independentes dos países membros, depois das receitas de política de austeridade proposta por Merkel. Um ajuste em médio prazo das diferenças estruturais só pode ser alcançado, no caso dos desníveis existentes entre as capacidades de concorrências das economias nacionais, por uma política fiscal, econômica e social comum, que reaja de maneira flexível às situações nacionais distintas. Não basta submeter todas as economias às mesmas regras. A política da ordem não é suficiente. O pacto fiscal que obriga a política orçamentária dos Estados membros somente à observância das mesmas regras tem, tomado por si só, efeitos contraproducentes – e isso nós vemos todos os dias. Por isso, a astúcia da razão econômica nos coloca diante da alternativa de ou ganhar as populações para uma refundação política de um núcleo europeu, que permaneça aberto ao ingresso de outros países da União Europeia – sobretudo a Polônia –, ou deixar o euro fracassar. As recentes eleições gregas em maio de 2012 deram impulso ao rumor do "plano B".

Ehalt: *Uma Europa comum pode sobreviver também sem uma moeda comum?*
Habermas: Isso não é fácil de responder. De acordo com meus conhecimentos históricos, e da perspectiva da experiência de vida política de um alemão da minha geração, a circunstância

de que a comunidade monetária fracassa inequivocamente por conta dos egoísmos nacionais seria desmoralizante, e de resto um sinal de partida para o populismo de direita, fortalecido nesse meio-tempo em todas as nossas regiões. Nesse caso, conforme meus sentimentos, a União Europeia como um todo seria tragada na esteira do fracasso do euro. Em todo caso, encontra-se em jogo meio século de conquistas inteiramente improváveis de um ponto de vista histórico – o resultado das visões e das negociações tenazes de grandes políticos, não somente daquelas dos três países fundadores, mas também das perspectivas, que se estendiam para além da ordem do dia, de Jacques Delors, Valéry Giscard d'Estaing e Helmut Schmidt, de François Mitterrand e Helmut Kohl. Por um curto tempo, Joschka Fischer foi também uma figura europeia de liderança; hoje não reconheço em toda a Europa ninguém que se arriscaria em uma batalha eleitoral polarizadora, a fim de mobilizar maiorias em prol da Europa – e somente isso poderia nos salvar. E nesse contexto a Europa entranhou-se faz tempo na carne e no sangue das gerações mais jovens. O que os senhores pensariam, o que nossos netos diriam se um dia tiverem de mostrar seus passes de novo nas fronteiras nacionais?

Reitan: *Os cidadãos que na União Europeia percebem de maneira distinta seus dois papéis – o de membro de um Estado-nação e o do cidadão da União – podem se identificar, ainda assim, com os dois papéis?*
Habermas: A ampliação da solidariedade entre cidadãos para além das fronteiras do Estado nacional é naturalmente o limiar no qual pode fracassar o aprofundamento agora inadiável das instituições. Mas a medida requerida de confiança recíproca entre os povos europeus é também muito mais fraca do que a consciência nacional historicamente desenvolvida. Mesmo a

consciência nacional só surgiu no curso do século XIX – não sem a colaboração vigorosa dos historiadores que tiveram de construir pela primeira vez histórias nacionais, tampouco sem o serviço militar obrigatório geral e a influência propositada da imprensa e do ensino público escolar. Já a solidariedade entre cidadãos é um assunto consideravelmente abstrato, uma solidariedade, mediada pelo direito, para com estranhos com quem, via de regra, não nos deparamos *face to face*. Alguém está disposto a oferecer certos sacrifícios em favor de um outro porque pode aguardar dele, por sua vez, um comportamento recíproco em breve ou por um longo tempo. Entre os cidadãos europeus já não teria se constituído um sentimento de solidariedade – como se mostrou, em 15 de fevereiro de 2003, nas reações, concordantes e preponderantes em toda a Europa ocidental, à guerra aventureira de Bush Jr.?

Reitan: *Mas, supondo que o homem procura amparo, onde ele o encontra mais – em seu próprio Estado nacional ou na Europa abrangente?*
Habermas: Este é o dilema hoje: nas situações de medo de decadência, pobreza e invasão de estrangeiros, as pessoas se refugiam no amparo da pertença nacional supostamente espontânea. Por outro lado, não falaríamos aqui sobre a Europa se as mesmas causas econômicas que desencadeiam semelhantes regressões não tivessem promovido a consciência para a necessidade de enfrentar as ameaças extorsivas dos mercados financeiros e dos riscos dos bancos, munindo-se de uma capacidade de ação política que se estenda para além do Estado nacional.

Ehalt: *Executivos de bancos que foram corresponsáveis pela crise financeira conservam remunerações com as quais se poderia custear as despesas com salários de todos os médicos chefes em um grande hospital. Por que a indignação se mantém dentro de certos limites?*

Habermas: Boa questão. Na história do capitalismo, é a primeira vez que um colapso do setor financeiro inteiro precisa ser evitado, e adiado por algum tempo, escancaradamente com as garantias dos contribuintes; e na maioria dos casos, nem sequer foram transferidos aos cidadãos os títulos de propriedade correspondentes. A injustiça na distribuição de ônus é revoltante: os bancos fazem seus jogos de azar alegremente, enquanto os protestos mantêm um caráter sobretudo local – nas ruas em chamas de Londres, em Puerta del Sol em Madrid, diante da câmara municipal de Lisboa, na praça Sintagma em Atenas e assim por diante. Abstraindo o *Occupy Wall Street*, esses movimentos se distinguem no ensejo, no caráter, na composição e na motivação, tanto quanto os ensejos e as circunstâncias nacionais. As maiorias silenciosas às quais o senhor alude estão desencorajadas. Elas provavelmente percebem os envolvimentos sistêmicos de todos com tudo, deixando-se prender pelo sentimento de impotência fatal de seus governos diante do potencial de ameaça de mercados ainda não regulamentados. Nós precisamos de um núcleo europeu capaz de agir já por essa razão, a fim de restabelecer um equilíbrio mais ou menos tolerável entre política e mercado.

Reitan: *O que seria preciso fazer para tornar esse projeto suscetível de maioria em prol de um acordo geral?*
Habermas: Hoje as iniciativas estão nas mãos dos governos e dos partidos políticos; no entanto, uma responsabilidade quase tão grande cabe às mídias, que devem também criticar e incentivar e não só comentar docilmente. Ambos teriam de dar cabo ao escândalo de não termos até agora, em nenhum país membro, uma eleição para o Parlamento Europeu ou um referendo europeu em que os eleitores não tivesse votado, como

de hábito, segundo questões nacionais e em personagens da política nacional. Os partidos e as mídias precisariam abordar um tema desagradável, que até agora eles evitaram, visto que não prometem votos nem tiragens, e definir com mais exatidão o projeto cujo objetivo permaneceu indeterminado. Eles teriam bons argumentos para o fato que o "Mais Europa" reside também no interesse dos "países credores", em uma visão de médio alcance. Mas eles teriam de ampliar decididamente o foco atual sobre as questões econômicas. Eles teriam de tornar claro que um voto pelo "Mais Europa" não só introduziria uma refundação da União Europeia, mas significaria também um passo para a autorização democrática da política europeia. Só em comum a Europa pode reconquistar seu espaço de ação política. Trata-se de nós, mas se trata também do papel da Europa no mundo. Considerando perspectivas bem comprovadas por estatísticas, nosso continente, com a população em encolhimento proporcional, perderá em escala mundial influência política e peso econômico, e é palpável que nenhuma das nações europeias terá, sozinha, a força para afirmar seu modelo social e cultural. Tampouco uma Europa em desagregação terá força para ajudar a configurar de outra maneira uma sociedade mundial politicamente fragmentada e economicamente estratificada – e por isso, injusta. Essa sociedade mundial não aprendeu ainda a dominar os desafios das catástrofes ecológicas, da fome e da pobreza, dos desequilíbrios econômicos e dos riscos da tecnologia de grande alcance. E é desse processo de criação e de aprendizagem que quer se retirar uma Europa – no melhor (e no mais improvável) dos casos – musealizada e suicizada?

7
O dilema dos partidos políticos[1]

Por certo, qualifico-me para o recebimento desse prêmio, em primeiro plano, por causa da minha ancianidade. Pois vivi durante a principal parte do período de 19 anos de governo de Georg August Zinn em Hessen, e fui cativado, como cidadão desse Estado, pelo espírito provocante desse primeiro-ministro. Na época, o lema "Para frente, Hessen" era evidente para qualquer um. Era a metade do período de governo de Zinn quando cheguei a Frankfurt junto com minha mulher e com nosso primeiro filho, de dois meses de idade, para me tornar assistente de Adorno. Foi só três anos depois do quinto e último gabinete de Georg August Zinn que voltei a deixar a cidade e a universidade.

Sinto como uma circunstância feliz que tenhamos vivenciado, naqueles anos 1950 e 1960, na qualidade de contemporâneos alertas, ainda que jovens, curiosos e dispostos a aprender, o período mais importante da história alemã do

---

[1] Discurso por ocasião do recebimento do prêmio Georg August Zinn, em 5 de setembro de 2012, na cidade de Wiesbaden.

pós-guerra em Frankfurt e em Hessen, de certo modo, em um clima de contemporaneidade condensada. Os trilhos para o desenvolvimento econômico e político-institucional já haviam sido colocados quando chegamos. Mas o conflito em torno da marca da mentalidade política da Alemanha se decidiu, da maneira mais veemente, na década e meia ou duas seguintes – e nos encontrávamos em meio a esse ambiente politicamente agitado, comunicativa e socialmente dinâmico, em um meio intelectualmente tão excitante quanto excitado. Em retrospectiva, foram os anos mais intensivos de minha vida de adulto.

Mas o Partido Social-Democrata Alemão de Hesse não me condecora por eu ter 83 anos de idade. A retrospectiva não deve nos abster de observar o problema mais urgente do presente; falemos, portanto, sobre a Europa.

Muitos de nós julgamos sentir que a crise, que vai se inchando desde 2008, entrou em uma fase decisiva durante esse outono, já que a política de aquietar em curto prazo os mercados financeiros, seguida até agora, chocou-se com seus limites. Nesse meio-tempo, mesmo entre os políticos, aumentou a percepção de que a moeda comum requer uma política fiscal, econômica e social comum. Todavia, isso leva, por enquanto, a declarações somente verbais, favoráveis ao projeto europeu. Hoje, como ontem, os governos esperam poder acenar despercebidamente para regulamentações econômicas inadiáveis no plano da *policy*, sem alterar as instituições políticas. "Já hoje", assim observa o correspondente de economia do *Süddeutsche Zeitung* em Berlin, "os governos dos países da Zona do Euro transferiram uma boa parte das tarefas, que, na verdade, eles mesmos deveriam resolver, para o Banco Central – por puro medo de que os leitores não suportem mais o rumo dado para o resgate do euro".² No que concerne às parcelas dos fundos nacionais do Banco Central Europeu, constata-se que o banco, com sua política de açambarcar empréstimos públicos podres, tomou faz tempo a trilha rumo a uma "União das Dívidas" disfarçada. Ao mesmo tempo, esse vocábulo serve, no uso doméstico da política interna, como porrete para marginalizar toda proposta construtiva de aprofundar a União Política – como a recente iniciativa de Sigmar Gabriel.

Desde que Herman Van Rompuy, em 26 de junho de 2012, apresentou ao Conselho Europeu uma proposta para uma união fiscal e econômica "genuína" e, logo a seguir, recebeu dos chefes de governo a incumbência de reelaborar essa proposta até dezembro, os presidentes do Conselho Europeu, da Comissão Europeia e do Banco Central Europeu se veem ocupados com planos para uma "solução institucional" da crise. O círculo vicioso, reconhecido anos a fio, da extorsão dos Estados da Zona do Euro por parte dos mercados financeiros é descrito agora pelo comissário da União Europeia para o mercado interno e serviços, Michel Barnier, com as seguintes palavras secas: "primeiramente, o Estado ajuda os bancos apertados, mas, com isso, aumentam as dívidas públicas, as quais os bancos compram de novo – e por conta disso sua situação piora ainda mais".³ No entanto, o comissário silencia o fato de que, nesse triste jogo, os investidores privados, na medida em que a extorsão funciona, são os únicos ganhadores, enquanto a política de austeridade ordenada apre-

---

2 Hulverscheidt, Das Italienische an Herrn Monti, *Süddeutsche Zeitung*, p.4.
3 Barnier apud Gammelin, Wir durchbrechen den Teufelskreis. Interview mit EU-Kommissar Michel Barnier, *Süddeutsche Zeitung*, p.2.

senta impassivelmente a fatura, não para os causadores da crise, mas para a vasta massa de cidadãos já lesados de todo modo.

Entrementes, as ideias para uma inspeção comum sobre os bancos e uma união bancária, que devem facilitar o acesso aos créditos a partir do Mecanismo de Estabilidade Europeia (MEE), assumiram uma forma palpável. Acresce que todos os envolvidos sabem que mesmo a solução da crise fiscal não toca de maneira alguma nas causas fundamentais, isto é, naqueles desequilíbrios estruturais que tinham de surgir, no caso de uma moeda igual, entre economias nacionais independentes, com capacidades de concorrência distintas. Pelo contrário, mesmo a observação das mesmas regras de política orçamentária não vai conseguir nada a longo prazo. Em um artigo notável para o semanário *Die Zeit*, Mario Draghi deu um passo a mais. Para uma união fiscal e monetária genuína, seria preciso um fundamento político a fim de que todos os Estados membros procedam segundo a máxima "de que não é legítimo nem economicamente sustentável que a política econômica dos países em particular acarrete riscos, além das fronteiras, para os parceiros da união monetária".[4] Draghi vê que "o exercício comum dos direitos de soberania" torna necessário um alargamento da base de legitimação. Mas tal coisa não toca nos limites dolorosos que todos os governos evitam angustiosamente no momento – o debate renovado sobre a alteração dos tratados europeus. Não é um acaso que as iniciativas e os argumentos para uma solução institucional partam de altos funcionários, os quais não precisam enfrentar nenhuma eleição.

---

4 Draghi, So bleibt der Euro stabil! Die Europäische Zentralbank kann der Währung durch die Krise helfen, *Die Zeit*, p.1.

Na esteira da tecnocracia

Se minha descrição da situação está correta, nós nos encaminhamos para um dilema. Por um lado, sob a pressão dos mercados financeiros, fortalece-se a tendência de executar o esboço projetado pelos especialistas de economia em prol de uma união fiscal e monetária genuína. Em todo caso, os imperativos econômicos que fizeram andar os trabalhos dedicados a uma nova "arquitetura institucional" terão de ser satisfeitos deste ou daquele modo. Daí resulta, todavia, uma consequência diante da qual os políticos competentes se assustam. Os direitos de soberania, tomados dos parlamentos nacionais no curso da reestruturação fiscal planejada, têm de ser transferidos de novo, no plano europeu, para um legislador democrático. Eles não podem ser realizados apenas pelos chefes de governo em reunião, pois o Conselho Europeu não é escolhido pelos cidadãos europeus em sua totalidade. Do contrário, infringimos o princípio de que o legislador que delibera sobre a distribuição de gastos públicos tem de ser idêntico ao legislador democraticamente eleito, o qual arrecada impostos para esses gastos.

Eu temo, no entanto, que é exatamente esse preço que temos de pagar por uma solução tecnocrática da crise. Os governos concentrarão as autorizações necessárias no plano europeu para satisfazer "os mercados"; mas, ao mesmo tempo, querem tentar minimizar o significado verdadeiro desse passo de integração perante o público eleitor nativo, visto que nem podem contar mais com a usual disposição à obediência passiva nos países do núcleo europeu, a favor do aprofundamento da União Política. Segundo esse cenário, encontramo-nos no caminho pós-democrático rumo a um federalismo executivo que age em conformidade com o mercado, isto é, talhado para os imperativos do mercado financeiro. Nesse contexto, não só a democracia fica pelo caminho; ao mesmo tempo, deixamos passar a chance de regular os mercados financeiros, mesmo que, de início, somente no interior de um espaço econômico de extensão continental. Um executivo europeu que se autonomiza por completo em relação a um eleitorado democraticamente mobilizado perde todo motivo e também a força para propor contramedidas.

Certamente, há boas razões para a hesitação de governos e partidos. Até agora, o projeto europeu somente foi levado adiante mais ou menos pelas elites políticas, por cima das cabeças da população. E os cidadãos estavam satisfeitos, na medida em que a União Europeia era uma comunidade de lucro. Mas agora a crise do euro, que tem efeitos diferentes sobre as economias nacionais e é percebida de maneira polarizadora da perspectiva das esferas públicas nacionais, fortalece em toda parte o populismo de direita eurocético. As sondagens comprovam que hoje é difícil ganhar as maiorias para uma alteração inadiável dos tratados. Porém, antes que acatemos esse estado de ânimo de maneira resignada, como os dados objetivos, deveríamos lembrar primeiramente o modo de considerar normativo segundo o qual as eleições políticas e os referendos significam algo diferente do que sondagens demoscópicas.

Eleições e referendos devem não só reproduzir um espectro de preferências existentes, mas também juízos sobre os programas e sobre as pessoas que se encontram em eleição. Eles não podem expressar irrefletidamente a vontade da população, pois têm também um sentido cognitivo. O governo precisa elaborar problemas urgentes com base nessas decisões sobre diretrizes. Em uma democracia, eleições políticas não satisfazem sua determinação sistêmica se meramente registrarem a distribuição de preferências e de prejuízos. Os votos eleitorais alcançam o peso institucional de decisões civis de um colegislador somente porque procedem de um processo público de formação da opinião e da vontade, no que esse processo é controlado pelos prós e contras públicos de opiniões, argumentos e tomadas de posição livremente flutuantes. As opiniões dos cidadãos devem primeiramente *se constituir* a partir da maré dissonante das contribuições, à luz de uma troca de opiniões publicamente articulada.

De maneira ideal, a política deliberativa se enraíza em uma sociedade civil que faz um uso anarquista de suas liberdades comunicativas. Mas, em nossas esferas públicas espaçosas, produzidas primeiramente pela rede comunicativa de mídias de massa, carece-se não só de informações e impulsos da parte de uma imprensa espontânea e independente, mas, em primeira linha, da iniciativa, do esclarecimento e da capacidade de organização dos partidos políticos. Esses têm na Alemanha uma incumbência constitucional correspondente. Nesta noite de hoje sou convidado por um partido político. Mas não é uma cortesia, antes talvez seja para os senhores e as senhoras uma impertinência, se digo que o destino político da Europa depende, atualmente, sobretudo, do discernimento e da sensibilidade normativa, da coragem, da riqueza de ideias e da força de liderança dos partidos políticos; e certamente, em segunda linha, também da capacidade de percepção e de reação das principais mídias políticas.

Da mesa do escritório é fácil dizer isso. Em primeiro lugar, os partidos se veem forçados pelas tarefas de conquista e conservação do poder político a planejar e agir no compasso dos períodos eleitorais; eles contraem riscos suplementares e têm de responder a estes quando relacionam o peso de suas decisões pragmáticas às finalidades históricas de longo alcance. Além disso, operam sob as expectativas de legitimação de arenas nacionais, que mal se abriram ainda umas às outras; assim, os partidos não podem esperar compensações, se eles, antes de existir de modo geral um sistema de partidos europeu, pensam e agem ao mesmo tempo em termos nacionais e europeus. Enfim, a concorrência nacional entre os partidos estrangula o espaço de ação para as decisões por coalizões que se apresentam, tendo em vista as alternativas existentes na política para a Europa. Um exemplo atual é a situação infeliz do Partido Social-Democrata Alemão diante da campanha eleitoral para o Bundestag [Parlamento alemão]. Nenhum partido pode se dar o luxo de ser o primeiro a sair do casulo com lemas pró-Europa, sem temer uma punição populista de concorrentes de visão curta que procuram objetivos de fato semelhantes.

Hoje a formação política da vontade e da opinião da maior parte da população sobre as alternativas plenas de consequências de um "mais" ou de um "menos" Europa se furta à usual abordagem demoscópica comercial. Ela requer das elites políticas um modo de política inteiramente diferente, um modo argumentativo e com liderança forte, um modo que marque as mentalidades. Com a consciência da falibilidade, trata-se do trabalho de convicção. Não se pode repreender os partidos por não estarem preparados para essa situação extraordinária. Mas, em situações extraordinárias, a confissão aberta de um dilema pode ser um primeiro passo para sua superação.

8
Três razões para "Mais Europa"[1]

Como não jurista, eu agradeço por ter sido convidado para esse pódio proeminente. O caráter do evento, voltado à política no direito, justifica, assim espero, que eu integre a discussão com reflexões políticas fortes. Sem dúvida, tenho no peito também questões de natureza jurídica. Mas, de início, atenho-me à minha apresentação preparada. Hoje as injunções econômicas, se me é permitido começar com uma tese pesada, coloca-nos diante da alternativa de ou danificar irreparavelmente, com o abandono da moeda comum, o projeto de unificar a Europa, desenvolvido no pós-guerra, ou aprofundar a União Política – de início na Zona do Euro – a tal ponto que se possam legitimar democraticamente as transferências e a comunitarização das dívidas para além das fronteiras nacionais. Não se pode evitar uma coisa sem querer a outra. A respeito disso, quatro observações:

---

[1] Contribuição para a discussão no quadro do "Fórum Europa" do Congresso Alemão de Juristas, em 21 de setembro de 2012, em Munique.

Jürgen Habermas

1) Permitam-me começar com algumas considerações acerca do pano de fundo histórico. Para uma Alemanha deteriorada política e moralmente, a promoção do processo de unificação europeia se impusera, já por razões prudenciais, dada a finalidade de reconquistar a reputação internacional destruída pelas próprias mãos. A inserção na Europa formava o contexto em que pela primeira vez se constituiu uma autocompreensão liberal da Alemanha. A mudança tenaz da mentalidade política na antiga Alemanha Ocidental foi o resultado de conflitos que repercutem até hoje. Sobre essa base, após a bem-sucedida reunificação (com 17 milhões de cidadãos oriundos de uma outra socialização política), teve início a habituação com uma certa normalidade do Estado nacional. Esta é desafiada agora pela questão europeia, aguçada com a crise. O papel de liderança na Europa, que cabe hoje à Alemanha por razões demográficas e econômicas, não desperta apenas fantasmas históricos ao redor; é também para nós uma tentação voltada aos isolamentos nacionais. A resposta a isso é a continuidade consequente da política em favor de uma "Alemanha *na* Europa", cautelosa e cooperativa, e já habitual na antiga Alemanha Ocidental.

2) Uma segunda razão para uma integração política aprofundada é o deslocamento de pesos entre a política e o mercado, que prossegue até hoje na sequência da desapoderação neoliberal de si mesma realizada pela política. Para os cidadãos democráticos, a política é o único meio de influenciar *intencionalmente*, com uma ação coletiva, os destinos e os fundamentos sociais da existência de sua

coletividade. Os mercados são, por outro lado, sistemas autocontrolados que coordenam de maneira descentralizada uma quantidade inabarcável de decisões singulares. Em uma consideração normativa, ambos são *media* que asseguram potencialmente a liberdade. Nesse aspecto, o Estado democrático de direito pode ser entendido também como a descoberta engenhosa que entrelaça as chances iguais de participar na autoinfluência coletiva da sociedade com a garantia de liberdades subjetivas igualmente distribuídas, de sorte que ambos os *media* podem se complementar em seus efeitos. Uma característica específica da crise presente é a destruição dessa complementaridade. No círculo vicioso entre o interesse por lucro dos bancos e dos investidores e o interesse no bem comum dos Estados sobre-endividados, os mercados financeiros pesam mais na balança. Nunca antes os governos eleitos foram substituídos tão sem rodeios por pessoas de confiança dos mercados; pensemos em Mario Monti ou Loukas Papademos. Enquanto a política se submete aos imperativos do mercado, e se acata o aumento de desigualdade, os mecanismos sistêmicos escapam cada vez mais à influência intencional do direito democraticamente positivado. Essa tendência, seja como for, não é reversível sem uma reconquista da capacidade de ação política no plano europeu.

3) Uma terceira razão para a transferência de outros direitos de soberania para o plano europeu, ligada à política monetária, resulta das condições necessárias ao funcionamento de uma moeda comum que não são preenchidas na Zona do Euro. Com isso, eu repito

apenas argumentos de uma outra disciplina: com sua taxa de juros unitária, o Banco Central Europeu não conseguiu ajustar as fortes divergências nos desenvolvimentos de crescimento e inflação das economias nacionais. A ausência da possibilidade de desvalorizar a moeda priva os países membros, que operam hoje, como ontem, com independência em relação à política orçamentária, do mais importante mecanismo de ajuste (na forma de preços mais altos para mercadorias importadas). Quanto menos homogêneas são as diversas economias, e quanto mais se distinguem no grau de sua capacidade de concorrência, tanto mais importantes são os outros mecanismos de ajuste como (e este não é o caso da Europa) uma adaptação flexível dos salários e dos preços, uma alta mobilidade das forças de trabalho ou justamente as operações de transferências, em nosso caso as únicas possíveis, que nos EUA, por exemplo, atravessam os sistemas de seguridade social e os programas estruturais. Os *experts* parecem estar de acordo que os desequilíbrios existentes e crescentes no interior da Zona do Euro não podem ser atenuados sem operações de transferência, e também só podem ser reduzidos no quadro de políticas estruturais e econômicas comuns, pelo menos no médio prazo. Porém, as competências para decisões políticas com efeitos distributivos transnacionais não podem ser concentradas no Conselho Europeu somente; pois, nos sistemas de negociações intergovernamentais, os alcances do mandato democrático e as competências para a ação se desagregam. Para a legitimação democrática de tais decisões, precisa-se antes da participação paritária de um legislador escolhido pela totalidade dos cidadãos europeus, que possa decidir na base de interesses *universalizados em âmbito europeu* – e não segundo um modo de formação da vontade determinado pelos egoísmos nacionais, como o que predomina no Conselho Europeu.

4) Esses três argumentos se referem a desenvolvimentos que remontam longe e não tocam nas medidas para dominar a crise atual. Mas eles lembram os problemas que os atores políticos que agem de maneira incrementalista deixam passar por trás do véu de um apoio não vinculante à Europa. Os responsáveis apresentam suas resoluções como medidas de reparação, das quais os parlamentos nacionais, hoje como ontem, têm de arcar com o principal ônus de legitimação. É também assim que se deve entender o respiro aliviado do governo alemão após a última sentença do Tribunal Constitucional Federal. Os chefes de governo pensam em suas reeleições, ao passo que o presidente do Conselho, a Comissão e o Banco Central Europeus projetam uma "arquitetura institucional" para uma união fiscal e econômica "genuína", "com base no exercício comum de direitos de soberania em referência a medidas políticas comuns".[2] À minha questão sobre as competências para um semelhante "exercício comum de direitos de soberania", Herman Van Rompuy respondeu-me espontaneamente

---

2 Rompuy, Auf dem Weg zu einer echten Wirtschafts- und Währungsunion. Bericht des Präsidenten des Europäischen Rates, *EUCO 120/12*, 26 jun. 2012.

que, para tanto, não somente os tratados europeus mas também muitas constituições nacionais precisariam ser modificadas. Se esta fosse de fato a perspectiva não pública da política de Bruxelas, nosso governo estaria fazendo um jogo duplo habilidoso.

Em vista desse claro-escuro, coube à sentença do Tribunal Constitucional Federal, de 12 de setembro de 2012, mais do que apenas um significado politicamente operativo: o tribunal precisaria ter realizado um trabalho de esclarecimento normativo. Segundo minha impressão, já não se poderia saber, no âmbito da jurisprudência atual sobre a Europa, se o tribunal defendeu o Estado nacional por mor da democracia, ou se defendeu antes a democracia por mor do Estado nacional.[3]

---

3 Eu não entendo por que a argumentação do tribunal, na assim chamada "sentença sobre o Tratado de Lisboa", se apoia no artigo 38, inciso 1 da Lei Fundamental, que não tem nada a ver com a cláusula de eternidade. Esta se limita a proteger a cooperação dos Estados na legislação e os *princípios de um Estado democrático de direito*, definidos no artigo 1 e 20 da Lei Fundamental. Trata-se, portanto, de uma substância normativa que a Lei Fundamental gostaria de ver conservada, mas sem dizer que ela deva ser implementada apenas no interior de um território nacional e na figura de um Estado nacional. Essa substância normativa também poderia ser conservada no quadro de uma democracia supranacional de vários níveis, na medida em que os Estados membros mantêm a competência para manter vigilância sobre ela, valendo-se de seus tribunais constitucionais nacionais. Em vínculo com o artigo 23, inciso 1, da Lei Fundamental, que exorta a República Federal a cooperar na realização de uma Europa unificada, o artigo 79, inciso 3, da Lei Fundamental dificilmente poderia ser compreendido como uma barreira para a integração. Esse artigo se refere ao princípio da democracia *como tal*, formulado no artigo 20,

Na esteira da tecnocracia

Nessa linha de argumentação de resguardo e apego à soberania, o tribunal finge olhar para os vasos comunicantes entre o direito ligado ao Estado nacional e o direito europeu. Visto que o tribunal parte da ideia de que o princípio democrático, como formulado no artigo 20, inciso 2, da Lei Fundamental, só pode ser implementado no quadro nacional, ele esgotou sua munição, em vista das competências que o Conselho Europeu atrai agora para si. Eu não consigo reconhecer nessa última decisão nenhuma contribuição construtiva para o resgate transnacional da democracia ameaçada no plano nacional. O "sim, mas" a respeito do Mecanismo de Estabilidade Europeia (MEE) e do pacto fiscal, declarado na fundamentação da sentença, a princípio corrobora verbalmente as normas democráticas fundamentais, às quais os acusadores apelaram, mas, no processo de aplicação judicial aos estados de coisas tecnocráticos normativamente escorregadios, a substância delas parece antes volatizar-se.

---

inciso 2, da Lei Fundamental, e não concretamente ao direito eleitoral para o Bundestag. A Lei Fundamental não gasta nenhuma palavra a respeito do "cerne da identidade" da República Federal da Alemanha. Por boas razões, aqui não aflora o conceito de soberania. Em contrapartida, a sentença sobre o Tratado de Lisboa emprega o conceito de soberania em diversas passagens, mais precisamente na sua leitura clássica. Mas o desenvolvimento do pós-guerra não tornou obsoleta essa leitura com o artigo 23, inciso 1, da Lei Fundamental? No curso de uma constitucionalização do direito das gentes, transforma-se o sentido tradicional da soberania estatal no âmbito do direito das gentes. Hoje, essa soberania deveria ser entendida como reflexo da soberania popular.

9
Democracia ou capitalismo?
Da miséria de uma sociedade mundial fragmentada pelos Estados nacionais e integrada pelo capitalismo

Em seu livro sobre a crise adiada do capitalismo democrático,[1] Wolfgang Streeck apresenta uma análise impiedosa sobre a história de surgimento da atual crise dos bancos e das dívidas que repercute na economia real. Essa investigação enfática e empiricamente fundada procede das "Preleções Adorno", as quais Streeck proferiu no Instituto de Pesquisa Social de Frankfurt. Em suas melhores partes – ou seja, sempre que a paixão política se vincula à força dos fatos criticamente iluminados e dos argumentos cabais, capazes de abrir os olhos – ela lembra *O 18 de brumário de Luís Bonaparte*. O ponto de partida se constitui pela crítica justificada à teoria da crise desenvolvida por Claus Offe e por mim no começo dos anos 1970. O otimismo quanto ao controle keynesiano, predominante na época, inspirara-nos a supor que os potenciais de crise econômica, dominada pela política, *se deslocariam* para imperativos contraditórios no

---

[1] Streeck, *Gekaufte Zeit. Die vertagte Krise des demokratischen Kapitalismus. Frankfurter Adorno-Vorlesungen 2012*. As indicações de páginas no texto se referem a essa edição.

interior de um aparelho estatal sobrecarregado e para as "contradições culturais do capitalismo" (como Daniel Bell formularia alguns anos mais tarde), *manifestando-se* na forma de uma crise de legitimação. Hoje não nos deparamos (ainda?) com uma crise de legitimação, mas com uma crise econômica palpável.

Munido do saber melhor que possui o observador em visão retrospectiva, Wolfgang Streeck começa sua própria exposição do curso da crise esboçando o regime do Estado de bem-estar social, erguido na Europa do pós-guerra até o começo dos anos 1970.[2] A ele se seguiram as fases em que se impõem as reformas neoliberais, que, sem consideração pelas consequências sociais, melhoraram as condições de valorização do capital, colocando tacitamente de ponta-cabeça a semântica da expressão "reforma". No curso dessas reformas, as pressões corporativas para negociações foram afrouxadas, e os mercados, desregulamentados – não só os mercados de trabalho, mas também os mercados de bens e serviços, e principalmente os mercados de capital: "Ao mesmo tempo, os mercados de capital se transformaram em mercados para o controle de empresas, os quais alçaram o aumento dos *shareholder value* em máxima suprema da boa condução empresarial" (p.57-58).

Wolfgang Streeck descreve essa guinada, principiada com Reagan e Thatcher, a título de golpe libertador dos proprietários de capital e de seus executivos em relação a um Estado

---

[2] As características são a ocupação plena, os contratos coletivos de trabalho por ramos, a codireção, o controle estatal das indústrias-chaves, um setor público mais amplo com ocupação assegurada, uma política de renda e fiscal que impede as desigualdades sociais crassas, e, por fim, uma política estatal conjuntural e industrial para evitar riscos no crescimento.

democrático que apertava as margens de lucro das empresas em favor da justiça social, mas que, do ponto de vista dos investidores, estrangulava o crescimento econômico, prejudicando com isso o suposto interesse geral. A substância empírica da investigação consiste em comparar de maneira longitudinal os países relevantes, para além das últimas quatro décadas. Essa comparação resulta, apesar de todas as diferenças entre as economias nacionais, na imagem de um processo de crise assombrosamente uniforme em seu todo. As taxas de inflação crescentes dos anos 1970 dão lugar a um endividamento crescente nos orçamentos públicos e privados. Ao mesmo tempo, cresce a desigualdade na distribuição de riquezas e de renda, ao passo que diminuem as receitas públicas. Com a desigualdade social crescente, esse desenvolvimento conduz a uma transformação do Estado dos impostos:

> O Estado democrático, regido por seus cidadãos e, na qualidade de *Estado dos impostos*, alimentado por eles, torna-se o *Estado das dívidas*, tão logo sua subsistência passa a não depender mais apenas das contribuições de seus cidadãos, mas, em extensão considerável, também da confiança dos credores. (p.119)

Na Comunidade Monetária Europeia, as consequências perversas de uma restrição da capacidade de ação dos Estados são inspecionadas pelos "mercados". A transformação do Estado dos impostos no Estado das dívidas forma hoje o pano de fundo de um círculo vicioso que consiste nos Estados resgatando bancos arruinados, e depois esses mesmos bancos, por seu turno, empurrando os Estados à ruína – com a consequência de que o regime financeiro dominante coloca suas populações sob tutela. O que isso significa para a democracia pudemos observar, de maneira microscópica, durante aquela noite culminante em Cannes, quando o primeiro-ministro grego Papandreou foi forçado por seus colegas, dando-lhe tapinhas nas costas, a declinar de um referendo já planejado.[3] O mérito de Wolfgang Streeck é demonstrar que a "política do Estado das dívidas", que o Conselho Europeu conduz desde 2009 sob a insistência do governo alemão, atualiza no essencial o padrão político pró-capital que levou à crise.

Sob as condições especiais da união monetária europeia, a política de consolidação fiscal submete todos os Estados membros às mesmas regras, a despeito das diferenças no grau de desenvolvimento de suas economias, e concentra os direitos de intervenção e de controle no plano europeu, com o propósito de impor essas regras. Sem um fortalecimento simultâneo do Parlamento Europeu, esse enfeixamento de competências no Conselho e na Comissão consolida o desacoplamento das esferas públicas e dos parlamentos nacionais em relação ao concerto de governos submissos ao mercado, desprendido e tecnocraticamente autonomizado. Wolfgang Streeck teme que esse federalismo executivo forçado suscite na Europa um exercício da dominação de qualidade inteiramente nova:

> A consolidação das finanças públicas europeias, lançada em ataque como resposta à crise fiscal, resulta em uma reestruturação do sistema europeu de Estados, coordenada pelos investidores financeiros e pela União Europeia – resulta em uma *nova cons-*

---

3 Cf. sobre isso Habermas, Rettet die Würde der Demokratie, *Frankfurter Allgemeine Zeitung*, 4 nov. 2011.

tituição da democracia capitalista na Europa, no sentido de uma atualização dos resultados das três décadas de liberalização econômica. (p.164)

Essa interpretação aguçada das reformas que se encontram em marcha concerne a uma tendência evolutiva alarmante que chegará a se impor provavelmente, ainda que rescinda o vínculo histórico de democracia e capitalismo. Diante dos portões da união monetária europeia, um premiê britânico – para quem não se vai rápido o suficiente com a liquidação neoliberal do Estado de bem-estar social, e quem, como verdadeiro herdeiro de Margaret Thatcher, estimula animadoramente uma chanceler solícita – agita o chicote no círculo de seus colegas: "Queremos uma Europa que esteja em alerta e reconheça esse mundo moderno constituído pela concorrência e pela flexibilidade".[4] Para essa política da crise, há – sobre a escrivaninha – duas alternativas: ou a involução defensiva do euro, uma meta a cuja obtenção se dedica na Alemanha um partido recém-fundado, ou a reestruturação ofensiva da comunidade monetária, formando uma democracia supranacional. Esta última poderia oferecer a plataforma institucional para uma inversão da tendência neoliberal, caso consiga maiorias políticas correspondentes.

A opção nostálgica

É pouco surpreendente que Wolfgang Streeck opte por uma inversão da tendência à "desdemocratização". Isso significa

---

4 Apud Kornelius, Cameron bekennt sich zu Europa, *Süddeutsche Zeitung*, 8 abr. 2013.

"construir instituições com as quais os mercados podem ser recolocados sob os controles sociais: mercados de trabalho que deixem espaço para a vida social, mercados de bens que não destruam a natureza, mercados de crédito que não seduzam para a produção de promessas irrealizáveis" (p.237). Mas a conclusão concreta que ele tira de seu diagnóstico é bem surpreendente. Não é a ampliação democrática de uma união que estancou a meio caminho que deve recolocar em equilíbrio, compatível com a democracia, a relação entre política e mercado que saiu dos eixos. Wolfgang Streeck recomenda desconstruir em vez de ampliar a construção. Ele gostaria de retornar ao cerco de carruagens formado pelos Estados nacionais nos anos 1960 e 1970, a fim de "defender e restaurar tão bem quanto possível os restos daquelas instituições políticas com a quais se poderia conseguir talvez modificar e mesmo substituir a justiça do mercado pela justiça social" (p.236).

É surpreendente essa opção nostálgica por crispar-se na impotência soberana da nação atropelada, tendo em vista a transformação epocal dos Estados nacionais, que tinham seus mercados territoriais ainda sob controle, em cooperadores despotencializados e inseridos também nos mercados globalizados. A necessidade política de controle que uma sociedade mundial altamente interdependente gera hoje é absorvida, no melhor dos casos, por uma rede de organizações tecida com cada vez mais densidade, mas de modo algum satisfeita com as formas assimétricas do louvado "governo para além do Estado nacional". Em vista dessa pressão do problema formado por uma sociedade mundial em fusão sistêmica, mas hoje, como ontem, politicamente anárquica, houve primeiramente, em

2008, uma reação compreensível à irrupção da crise econômica mundial. Os governos consternados do G8 se apressaram em acolher os BRICs e alguns outros em uma rodada de deliberação. Por outro lado, a falta de consequências das resoluções tomadas em Londres, na primeira conferência do G20, testemunha o déficit que apenas iria aumentar com uma restauração dos bastiões estilhaçados dos Estados nacionais: a ausência de capacidade de cooperação que resulta da fragmentação política de uma sociedade mundial que é, contudo, integrada economicamente.

De maneira visível, a capacidade de ação política dos Estados nacionais, que vigiam com ciúmes sua soberania há tempos esvaziada, não basta para escapar aos imperativos de um setor bancário disfuncional e inchado a ponto de chegar a um superdimensionamento. Os Estados que não se associam em unidades supranacionais, dispondo apenas do meio dos tratados internacionais, falham diante do desafio político de reacoplar esse setor com as carências da economia real e de reduzi-lo à medida funcionalmente requerida. Os Estados da Comunidade Monetária Europeia se veem confrontados de um modo particular com a tarefa de alcançar irreversivelmente os mercados no raio de ação de uma influência indireta, mas politicamente direcionada. Porém, a política da crise de tais Estados se limita de fato a ampliar uma expertocracia para tomar medidas com efeito protelador. Sem a pressão da formação da vontade de uma sociedade civil vital, mobilizável para além das fronteiras nacionais, faltam a um poder Executivo autonomizado em Bruxelas a força e o interesse de voltar a regulamentar os mercados asselvajados de modo socialmente compatível.

Jürgen Habermas

Wolfgang Streeck sabe naturalmente que o "poder dos investidores" se alimenta "sobretudo da sua integração internacional avançada e da existência de mercados globais eficientes" (p.129). Em consideração ao curso vitorioso global da política de desregulamentação, ele constata expressamente que precisaria deixar em aberto "se, e com que meios, a política democrática nacionalmente organizada poderia ter sucesso em uma economia que se torna cada vez mais internacional de modo geral" (p.112). Visto que ele acentua reiteradamente a "vantagem organizatória dos mercados financeiros globalmente integrados em comparação com as sociedades organizadas no âmbito do Estado nacional" (p.126), sua própria análise – assim pensamos – impele à conclusão de restaurar no plano supranacional a força da legislação democrática para regulamentar os mercados, que se concentrou por um tempo nos Estados nacionais. Apesar disso, ele toca as trombetas para a retirada atrás da linha Maginot formada pela soberania dos Estados nacionais.

Todavia, ao final do livro, ele acaba flertando com a agressão desnorteada de uma resistência autodestrutiva que abandonou a esperança em uma solução construtiva.[5] Revela-se aí um certo ceticismo quanto ao próprio apelo para fortificar as reservas nacionais remanescentes. À luz dessa resignação, a proposta de

---

5 Como cidadão europeu, que segue nos jornais (com bastante conforto) os protestos gregos, espanhóis e portugueses, eu posso compreender também, contudo, a empatia de Streeck pelas "irrupções de fúria nas ruas": "Se as nações democraticamente organizadas só se comportam responsavelmente porque não fazem mais nenhum uso da soberania nacional e se limitam por gerações a assegurar sua solvência perante seus credores, pareceria mais responsável ensaiar alguma vez a ação irresponsável" (p.218).

um "Bretton Woods europeu" (p.250 et seq.) aparece como que adicionada de fora. O profundo pessimismo em que finda a narrativa levanta a questão de saber o que o diagnóstico convincente da divergência entre capitalismo e democracia significa quanto às expectativas de uma mudança política. Deve se revelar aí uma incompatibilidade de princípio entre democracia e capitalismo? Para clarificar essa questão, precisamos nos esclarecer sobre o pano de fundo teórico da análise.

Capitalismo ou democracia?

O *quadro* para a narrativa sobre a crise é formado pela interação em que participam três jogadores: o Estado, que se alimenta de impostos e se legitima por eleições; a economia, que tem de cuidar do crescimento capitalista e de um nível suficiente de receitas fiscais; enfim, os cidadãos, que emprestam ao Estado seu apoio político apenas em troca da satisfação de seus interesses. O *tema* é formado pela questão de saber se e, dado o caso, como o Estado consegue equilibrar as exigências contrárias dos dois lados pelo caminho inteligente da evitação de crises. Sob pena de irromper crises na economia ou na coesão social, o Estado precisa, por um lado, preencher as expectativas de lucro, logo, as condições fiscais, jurídicas e infraestruturais para uma valorização do capital que traga lucros; por outro, ele precisa garantir liberdades iguais e cumprir exigências de justiça social, na moeda da distribuição equitativa de renda e da segurança de *status*, assim como na moeda dos serviços públicos e da disponibilização de bens coletivos. O *conteúdo* da narrativa consiste, então, no que a estratégia neoliberal concede, por princípio, precedência à satisfação dos interesses da valorização do capital sobre as demandas de justiça social, e não pode senão "adiar" as crises ao preço dos repúdios sociais crescentes.[6]

Ora, o "adiamento da crise do capitalismo democrático", indicado no título do livro, se refere ao "se" ou apenas ao "quando" de sua ocorrência? Uma vez que Wolfgang Streeck desenvolve seu roteiro em um quadro determinado pela teoria da ação, sem se apoiar nas "leis" do sistema econômico (por exemplo, em uma "queda tendencial da taxa de lucro"), não resulta do plano da exposição, com prudência, nenhuma predição teoricamente fundamentada. Nesse quadro, predições sobre o curso ulterior da crise só podem resultar da avaliação das circunstâncias históricas e das constelações de poder contingentes. Todavia, retoricamente, Wolfgang Streeck confere à sua exposição das tendências críticas um certo charme de fatalidade, quando repele a tese conservadora da "inflação de reivindicações das massas atrevidas" e localiza a dinâmica da crise somente no lado dos interesses capitalistas de valorização. Desde os anos 1980, a iniciativa política de fato parte desse lado, mas não consigo descobrir aí uma razão suficiente para um abandono derrotista do projeto europeu.

Tenho a impressão de que Wolfgang Streeck subestima o efeito catraca não só das normas constitucionais *válidas* juridicamente, mas também do complexo democrático *de fato existente* — as forças de perseverança de instituições, regras e prá-

---

6 Nesse meio-tempo, todavia, a privatização da previdência social progrediu a tal ponto que esse conflito sistêmico passa a se reproduzir cada vez menos inequivocamente nos campos de interesses dos diversos grupos sociais. As quantidades do "povo dos cidadãos" e do "povo do mercado" não coincidem mais. A oposição de interesses gera em escala crescente conflitos em uma e mesma pessoa.

ticas costumeiras, insertas em culturas políticas. Um exemplo são os protestos de massa em Lisboa e alhures, que levaram o presidente português, Aníbal Cavaco Silva, a apresentar um recurso contra o escândalo social da política de austeridade de seus amigos de partido no governo. Em seguida, a Corte Constitucional portuguesa declarou inválidas partes do respectivo acordo do Estado com a União Europeia e com o Fundo Monetário Internacional e forçou o governo, pelo menos por um instante, a refletir sobre a execução do "ditame do mercado".

As ideias de rendimento dos acionistas, próprias de Josef Ackermann, são tão pouco dados naturais quanto as ideias elitistas, apascentadas pelas mídias solícitas, de uma classe de executivos mimados e internacionalmente desprendidos, que olham de cima para "seus" políticos como para serventes. O tratamento da crise do Chipre, quando não se tratava mais do resgate dos próprios bancos, mostrou de súbito que a fatura pode ser apresentada certamente aos causadores da crise, em vez de aos contribuintes. E os orçamentos públicos endividados poderiam ser colocados em ordem tanto por meio de aumentos de receitas como por meio de reduções de gastos. Todavia, só o quadro institucional de uma política europeia fiscal, econômica e social comum criaria um pressuposto necessário para a eliminação possível da falha estrutural de uma união monetária insatisfatória. É somente esse esforço europeu comum, e não a injunção abstrata de melhorar a capacidade nacional de concorrência por forças próprias, que pode incitar a modernização impreterível das estruturas econômicas ultrapassadas e das estruturas administrativas clientelistas.

O que distinguiria uma configuração da União Europeia conforme a democracia, que por razões óbvias abrangeria de início apenas os membros da Comunidade Monetária Europeia, de um federalismo executivo conforme ao mercado são sobretudo duas inovações: *em primeiro lugar*, um planejamento político geral comum, as transferências correspondentes e uma responsabilidade mútua entre os Estados membros. *Em segundo lugar*, as alterações no Tratado de Lisboa, necessárias para uma legitimação democrática das competências correspondentes, portanto, uma participação paritária de Parlamento e Conselho na legislação e a responsabilidade simétrica da Comissão perante as duas instituições. Nesse caso, a formação política da vontade não dependeria mais apenas de compromissos sólidos entre os representantes de interesses nacionais que se bloqueiam mutuamente, mas, na mesma medida, das decisões da maioria dos deputados eleitos segundo preferências partidárias. Só no Parlamento Europeu, articulados em grupos, é possível se realizar uma universalização de interesses *que cruze as fronteiras nacionais*. Apenas nos procedimentos parlamentares uma perspectiva do "Nós" dos cidadãos da União Europeia, generalizada em âmbito europeu, pode se consolidar em um poder institucionalizado. Uma tal mudança de perspectiva é necessária para substituir, nos respectivos campos políticos, a coordenação de políticas estatais pseudossoberanas, até agora favorecida regularmente, por uma formação da vontade discricionária comum. Os efeitos inevitáveis de uma redistribuição em curto e médio prazo só são legitimáveis se os interesses nacionais se vinculam ao interesse europeu global e se variam também de acordo com ele.

Se e como as maiorias poderiam ser obtidas em favor de uma correspondente modificação no direito primário é uma questão difícil, à qual vou retornar mais abaixo. Mas, independentemente de saber se uma reforma é factível sob as circunstâncias atuais, Wolfgang Streeck duvida de que o formato de uma democracia supranacional é adequado para as condições europeias de modo geral. Ele contesta a capacidade funcional de uma semelhante ordem política, e tampouco a considera desejável por causa de seu caráter supostamente repressivo. Mas as quatro razões que ele alega para tanto são boas razões?[7]

Razões contra uma União Política

O *primeiro argumento*, relativamente o *mais forte*, dirige-se contra a eficácia de programas econômicos regionais em vista da heterogeneidade de culturas econômicas, historicamente fundamentada, da qual temos de partir mesmo quanto ao núcleo europeu. De fato, a política em uma comunidade monetária precisa se dirigir à redução, em longo prazo, de um desnível estrutural da capacidade de concorrência entre as economias nacionais – ou ao menos remediá-lo. Como contraexemplos, Wolfgang Streeck menciona a antiga Alemanha Oriental desde a reunificação e o *mezzogiorno*. Sem dúvida, ambos os casos lembram os horizontes temporais, em médio prazo desenganadores, com os quais o fomento direcionado do crescimento econômico tem sempre de contar em regiões atrasadas. No entanto, em relação aos problemas de regulamentação que competem ao governo europeu sobre a economia, os dois exemplos

---

7 A seguir eu abstraio inteiramente as consequências econômicas de uma involução do euro; cf. sobre isso Altvater, Der politische Euro. Eine Gemeinschaftswährung ohne Gemeinschaft hat keine Zukunft, *Blätter für Deutsche und internationale Politik*, p.71-79.

alegados são atípicos demais para justificar um pessimismo de princípio. A reconstrução da economia no leste alemão tem a ver com os problemas, completamente novos em termos históricos, de uma troca de sistema de certo modo assimiladora, não controlada por força própria, mas pelas elites da Alemanha Ocidental, e efetuada no interior de uma nação dividida ao longo de quatro décadas. Em médio prazo, as transferências relativamente grandes parecem ter, no geral, o êxito desejado.

As coisas se passam de outro modo com o problema persistente do fomento econômico do Sul da Itália, economicamente atrasado e empobrecido, social e culturalmente marcado por traços pré-modernos e distantes do Estado e sob a condução política da máfia. Quanto aos olhares preocupados que o norte europeu lança hoje a muitos "países do sul", esse exemplo também é pouco informativo, por causa de seu pano de fundo histórico especial. Pois o problema da Itália dividida está entretecido com as consequências de longa duração da unificação nacional de um país que desde o fim do Império Romano viveu sob dominações estrangeiras sucessivas. As raízes históricas do problema contemporâneo remontam ao *risorgimento* malsucedido, conduzido militarmente pela casa de Savoia e percebido como usurpador. Nesse contexto, se encontravam ainda os esforços mais ou menos malogrados dos governos italianos da época do pós-guerra. Como o próprio Streeck observa, estes se emaranharam no feltro dos partidos governantes, junto com as estruturas de poder locais. A imposição política dos programas de desenvolvimento fracassou dada a administração propensa à corrupção e não por conta da resistência de uma cultura social e econômica, que tiraria sua força de uma forma de vida digna de conservação. Porém, no sistema de vários níveis europeus

Na esteira da tecnocracia

fortemente juridificados, o caminho organizatório escabroso que vai de Roma até a Calábria e a Sicília dificilmente poderia ser o padrão para a implementação nacional de programas de Bruxelas, de cuja realização participariam dezesseis outras nações desconfiadas.

O *segundo argumento* se refere à integração social frágil de "Estados nacionais inacabados", como a Bélgica e a Espanha (p.242-243). Com a referência aos conflitos ardentes entre valões e flamengos ou entre catalães e o governo central em Madrid, Wolfgang Streeck chama a atenção para problemas de integração que são difíceis de vencer já no interior de um Estado nacional em vista da diversidade regional – e tanto mais difícil seria isso em uma Europa abrangente! Ora, o processo complexo de formação do Estado legou, de fato, linhas de um conflito não superado juntamente com formações mais antigas – pensemos nos bávaros, que em 1949 não consentiram com a Lei Fundamental, na separação pacífica de eslovacos e tchecos, na decomposição sangrenta da Iugoslávia, no separatismo dos bascos, dos escoceses, da Liga Norte e assim por diante. Mas, nesses pontos de rotura predeterminados historicamente, aparecem conflitos sempre que as partes mais vulneráveis da população entram em situação de crise econômica ou de convulsão histórica, tornam-se inseguras e assimilam o seu medo de perda de *status* agarrando-se às supostas identidades "naturais" – tanto faz se é a "tribo", a região, a língua ou a nação o que promete agora essa base de identidade supostamente natural. O nacionalismo esperado após o declínio da União Soviética nos Estados da Europa Central e Oriental é, nesse aspecto, um equivalente psicossocial do separatismo que se apresenta nos "antigos" Estados nacionais.

O pretenso caráter de "raiz" dessas identidades é nos dois casos igualmente fictício[8] e não um fato histórico, a partir do qual se poderia derivar um obstáculo à integração. Os fenômenos de regressão desse tipo são sintomas de um fracasso da política e da economia que não produzem mais a medida necessária de segurança social. A diversidade sociocultural das regiões e das nações é uma riqueza que destaca a Europa perante outros continentes, não é uma barreira que compromete a Europa com uma forma de integração política própria de pequenos Estados.

As duas primeiras objeções concernem à capacidade funcional e à estabilidade de uma União Política mais íntima. Com um *terceiro argumento*, Wolfgang Streeck gostaria também de contestar sua desejabilidade: um ajuste politicamente forçado das culturas econômicas do sul às do norte significaria também o nivelamento das formas de vida correspondentes. Ora, no caso de um "enxerto de um modelo econômico e social unitário" (p.238), radicalmente em favor do mercado, pode-se falar de uma homogeneização forçada das relações de vida. Mas justamente nesse aspecto não pode desaparecer a diferença en-

---

8 Entre as "tribos" alemãs, os bávaros "sedentários" são considerados os mais originários. As análises de DNA de ossos achados da época de migração tardia dos povos, quando os *bajuwaren* se apresentaram historicamente como tais pela primeira vez, confirmaram a assim chamada teoria dos "bandos de vadios" "de acordo com a qual uma população nuclear romana tardia com grandes grupos de emigrantes oriundos da Ásia central, Europa oriental e do norte da Alemanha, formava uma tribo *bajuwarisch*" (Neumaier, Mia san mia – aber woher? Das Volk, das plötzlich da war: Eine Archäologin gräbt die Multikulti-Wurzeln der Bajuwaren aus, *Süddeutsche Zeitung*, 8 abr. 2013, p.12).

tre processos de decisão conformes à democracia e conformes ao mercado. Tomadas no plano europeu e democraticamente legitimadas, as decisões sobre programas econômicos regionais ou medidas de racionalização das administrações públicas específicas a cada país teriam por consequência também uma homogeneização das estruturas sociais. Mas, se colocamos sob a suspeita de uma homogeneização forçada toda modernização politicamente promovida, fazemos das semelhanças de família entre modos econômicos e formas de vida um fetiche comunitarista. De resto, a difusão mundial de infraestruturas sociais semelhantes, que hoje torna "modernas" quase todas as sociedades, desencadeia em toda parte processos de individualização e uma diversificação de formas de vida.[9]

Nenhum "povo" europeu?

Finalmente, Wolfgang Streeck partilha a suposição segundo a qual a substância igualitária da democracia ligada ao Estado de direito só se deixa realizar sob o fundamento da copertença e, por isso, nos limites territoriais de um Estado nacional, visto que, do contrário, o sobrepeso da maioria sobre as culturas

---

9 O crescente pluralismo de formas de vida que comprova o aumento de diferenciação da economia e da cultura contradiz a expectativa de modos de vida homogeneizados. Também a substituição das formas de regulamentação corporativista descrita por Streeck por mercados desregulamentados conduziu a uma onda de individualização que tem ocupado os sociólogos. Fazendo uma observação de passagem, essa onda explica também o fenômeno notável da troca de lados daqueles renegados de 1968 que se entregaram à ilusão de poder usufruir seus impulsos libertários sob as condições da autoexploração propostas pelo liberalismo de mercado.

minoritárias seria inevitável. Abstraindo totalmente a extensa discussão sobre os direitos culturais, essa hipótese é arbitrária, se a consideramos de uma perspectiva de longo tempo. Os Estados nacionais já se apoiam na figura altamente artificial de uma solidariedade entre estranhos que só foi gerada pelo *status* de cidadão juridicamente constituído. Também em sociedades étnica e linguisticamente homogêneas, a consciência nacional não é nada de naturalmente espontâneo, mas um produto administrativamente promovido da historiografia, da imprensa, do serviço militar obrigatório geral e assim por diante. Na consciência nacional de sociedades de imigração heterogênea, torna-se patente, de maneira exemplar, que toda população pode assumir o papel de "Estado-nação", capaz de uma formação política comum da vontade tendo por pano de fundo uma cultura política partilhada.

Visto que o direito das gentes clássico se encontra em uma relação complementária com o sistema de Estados moderno, espelha-se nas inovações incisivas do direito das gentes, ocorridas desde o fim da Segunda Guerra Mundial, a profunda mudança de forma do Estado nacional. Junto com o conteúdo factual da soberania estatal formalmente preservada, o espaço de ação da soberania popular também encolheu. Isso vale ainda mais para os Estados europeus que transferiram uma parte de seus direitos de soberania para a União Europeia. Sem dúvida, seus governos continuam a considerar-se "os senhores dos tratados". Mas, mesmo nas qualificações do direito de separar-se da União (introduzido no Tratado de Lisboa), revela-se uma restrição de sua soberania. Em razão da precedência funcionalmente fundamentada do direito europeu, essa soberania se dissolve de todo modo em uma ficção, já que o entrelaçamento horizontal dos sistemas jurídicos nacionais progride cada vez mais no curso da implementação do direito positivo europeu. Com tanto mais urgência se coloca a questão da legitimação democrática suficiente dessa positivação jurídica.

Wolfgang Streeck teme os traços "jacobinos unitários" de uma democracia supranacional, visto que esta, pelo caminho de um sobrepeso duradouro da maioria sobre minorias, iria levar também ao nivelamento das "comunidades econômicas e identitárias fundadas na proximidade espacial" (p.243). Quanto a isso, ele subestima a imaginação inovadora e criadora de direitos que já se sedimentou nas instituições existentes e nas regulamentações vigentes. Eu penso nos procedimentos de decisão engenhosos da "dupla maioria", ou na composição equilibrada do Parlamento Europeu, que, justamente sob os pontos de vista da representação equitativa, leva em consideração as fortes diferenças nos números populacionais dos Estados membros pequenos e grandes.[10]

Mas, sobretudo, o medo de Streeck em relação a uma centralização repressiva de competências se nutre da falsa suposição de que o aprofundamento institucional da União Europeia tem de desembocar em uma espécie de república federal europeia. A federação é um modelo errôneo. Pois as condições da legitimação democrática são preenchidas também por uma coletividade democrática supranacional, mas *supraestatal*, que permite um *governo comum*. Nesse aspecto, todas as decisões políticas serão legitimadas pelos cidadãos *em seu duplo papel* de

---

10 Sobre os detalhes é preciso talvez refletir uma vez mais, mas, apesar das dúvidas do Tribunal Constitucional Federal da Alemanha, a tendência é correta.

cidadãos europeus, por um lado, e de cidadãos de seu respectivo Estado membro nacional, por outro.[11] Em uma tal União Política, que deve ser claramente distinguida de um "superestado", os Estados membros manteriam, na qualidade de fiadores do nível de direito e liberdade incorporado neles, uma posição muito forte em comparação com os membros subnacionais de uma federação.

E agora?

No entanto, na medida em que permanece abstrata, o que depõe em favor de uma alternativa política bem fundamentada é apenas sua força capaz de criar perspectivas — ela mostra um objetivo político, mas não o caminho daqui para lá. Os obstáculos visíveis presentes nesse caminho apoiam uma avaliação pessimista da capacidade de sobrevida do projeto europeu. É a combinação de dois fatos que tem de inquietar os defensores do "Mais Europa".

De um lado, a política de consolidação (nos moldes do "freio às dívidas") visa instaurar uma constituição econômica europeia que estabeleça "regras iguais para todos" e que deve permanecer subtraída à formação democrática da vontade. Ao desacoplar desse modo os encaminhamentos tecnocráticos,

---

11 Eu desenvolvi essa ideia de uma soberania constituinte partilhada entre cidadãos e Estados "originariamente", isto é, já no próprio processo constituinte, no texto: A crise da União Europeia à luz de uma constitucionalização do direito das gentes. Um ensaio sobre a constituição da Europa; cf. também o ensaio publicado no presente livro: Palavras-chave para uma teoria discursiva do direito e do Estado democrático de direito.

plenos de consequências para os cidadãos europeus em seu todo, da formação da opinião e da vontade nas esferas públicas e parlamentos nacionais, essa política desvaloriza os recursos políticos desses cidadãos, os quais têm acesso apenas às suas arenas nacionais. Por conta disso, a política para a Europa se torna cada vez mais intangível. Essa tendência de autoimunização é reforçada, por outro lado, pela circunstância fatal de que a ficção preservada da soberania fiscal dos Estados membros direciona a percepção pública da crise para uma direção falsa. A pressão dos mercados financeiros sobre os orçamentos públicos politicamente fragmentados promove uma autopercepção coletivizada das populações atingidas pela crise – a crise instiga os "países credores" e os "países devedores" uns contra os outros, atiçando o nacionalismo.

Wolfgang Streeck chama a atenção para esse potencial demagógico: "Na retórica da política internacional da dívida, as nações concebidas de maneira monística aparecem como atores morais totalizados com responsabilidade comunitária. Relações de classe e de dominação internas permanecem fora de consideração" (p.134). É assim que se reforçam mutuamente uma política da crise, que se mune da posição constitucional, imunizando-se dessa maneira contra as vozes críticas, e a percepção recíproca dos "povos", distorcida nas esferas públicas nacionais.

Esse bloqueio só poderá ser rompido se os partidos europeus se reunirem, para além dos próprios países, em campanhas contra essa falsificação que transforma questões sociais em questões nacionais. O enunciado segundo o qual "na Europa ocidental de hoje o nacionalismo não é mais o maior perigo, já nem mesmo o alemão" (p.256), eu o considero politicamente imbecil. Apenas o medo dos partidos democráticos quanto ao potencial da direita pode explicar para mim a circunstância de que, em todas as nossas esferas públicas nacionais, faltam lutas de opinião acesas por alternativas políticas corretamente colocadas. As confrontações polarizadoras sobre o rumo político no núcleo europeu só são esclarecedoras, e não apenas sublevadoras, se todos os lados confessam que não há alternativas sem riscos ou sem custos.¹² Em vez de abrir falsas frentes ao longo das fronteiras nacionais, a tarefa dos partidos políticos e dos sindicatos seria distinguir os perdedores e os ganhadores com a superação da crise segundo os grupos sociais que são mais ou menos onerados, *independentemente de suas nacionalidades*.

Os partidos de esquerda europeus estão prestes a repetir seu erro histórico do ano de 1914. Também eles se dobram por medo da propensão ao populismo de direita presente no centro da sociedade. Fora isso, na Alemanha, uma paixão midiática indescritivelmente devotada a Angela Merkel corrobora todos os interessados em não começar pelo ferro quente da política para a Europa na campanha eleitoral e em cooperar no jogo habilmente ruim de Merkel de não tocar no tema. É por isso

---

12 Das alternativas "baratas" faz parte, por exemplo, a recomendação requentada esses dias por George Soros – e, tomada por si mesma, de modo algum errônea – de introduzir *euro-bonds*, a qual é rejeitada com o argumento também correto, em voga nos países do norte, segundo o qual "o *euro-bonds* têm um problema de legitimação no sistema político atual: pois, nesse caso, o dinheiro do contribuinte iria ser aplicado sem o direito de voto do eleitor" (Rexer, Die Schuld für die Schulden. George Soros zur Euro-Krise, *Suddeutsche Zeitung*, 11 abr. 2013). Com esse empate, a alternativa de estabelecer um fundamento legitimador para uma mudança política que incluísse os *euro-bonds* é bloqueada.

que se deseja êxito à "alternativa em prol da Alemanha". Eu espero que ela consiga forçar todos os outros partidos a despir--se de suas capas invisíveis em relação à política para a Europa. Nesse caso, depois da eleição para o *Bundestag*, poderia surgir a oportunidade de que se delineie, como um primeiro passo impreterível, uma "grandíssima" coalizão. Pois, dada a situação das coisas, é somente a República Federal da Alemanha que poderia tomar a iniciativa para um projeto tão adverso.

IV
Instantâneos

10
Racionalidade de paixão.
Ralf Dahrendorf em seu aniversário de 80 anos[1]

Eu percebo nesse recinto uma vibração patriota bastante incomum e gostaria de lembrar a meus colegas ingleses que, para Ralf Dahrendorf, houve uma vida *antes* da vida em Londres e em Oxford – e que sua vida dupla no mundo paralelo alemão encontra um forte eco até hoje. Como um intelectual e um diagnosticador de época, como autor científico e publicista atento ao espírito do presente, Dahrendorf jamais deixou a Alemanha. Foi só quando do professor de Sociologia resultou um lorde que acabamos por notar que ele, que de todo modo estava, como se sabe, em contínua presença no restante do mundo, talvez tivesse na Inglaterra uma segunda ocupação.

Ralf Dahrendorf tampouco se tornou estrela primeiramente no mundo anglo-saxão. Ele já o era em nosso primeiro encon-

---

1 Discurso de abertura por ocasião de um colóquio com o título "On Liberty. The Dahrendorf Questions", que a St. Antony's College da Universidade de Oxford organizou, em honra a seu ex-reitor, em 1º de maio de 2009, portanto, poucas semanas antes da morte de Dahrendorf.

tro, há 54 anos. Helmut Schelsky convidara em 1955 a nova geração de sociólogos para Hamburgo. Eu estava presente apenas como jornalista que deveria relatar a apresentação pública da jovem guarda para o *Frankfurter Allgemeine Zeitung*. Estavam reunidos muitos dos sociólogos de nossa geração que iriam se tornar conhecidos mais tarde. Nesse círculo, notável desde uma retrospectiva lançada sobre a antiga Alemanha Ocidental, um docente particular de Saarbrücken colocou todos os outros na sombra. Esse espírito construtivo, que preferia ter clareza com estilizações feitas de tipos ideais a fazer malabarismos com a arte da hermenêutica, chamou a atenção por sua eloquência impetuosa, tanto quanto por uma apresentação intransigente, reclamando autoridade, e pelo gênero de sua conferência, um pouco angulosa. O que destacava Dahrendorf nesse círculo era a autoconfiança vanguardista capaz de acabar com as cabeças antiquadas.

A dianteira nos degraus da carreira era imponente o suficiente. Com 26 anos na época, ele já era praticamente um livre-docente depois de ter concluído, de início como filósofo e filólogo clássico, uma dissertação sobre Marx e, em seguida, recebido o grau de PhD em sociologia, exótico então, na London School of Economics. Logo a seguir, ele iria ser chamado para Tübingen, na condição de o mais jovem professor catedrático. Porém, o que lhe assegurava o maior respeito de seus coetâneos era seu saber especializado, a familiaridade com a discussão anglo-saxã e a consciência de estar no fronte da pesquisa com uma crítica, afiada em termos de teoria do conflito, a Talcott Parsons, que na época dominava a cena internacional – ao passo que, para nós do baixo clero, a leitura do próprio Parsons estava ainda por acontecer.

A rota de choque tomada pela crítica era clara. Os conflitos sociais, que em última instância são fundados sempre em relações de dominação, impelem a dinâmica social; são algo desejável e não devem ser *dissolvidos*, mas institucionalizados e *decididos* de forma civil. Nos anos 1950 e 1960, Ralf Dahrendorf prescreveu o nível da discussão científica para seus colegas de mesma idade. Sem ele, não teria havido nenhum debate sobre a teoria dos papéis, sem sua iniciativa, tampouco a querela do positivismo. Seus primeiros livros, *As classes e seus conflitos na sociedade industrial* (1957), *Homo Sociologicus* (1959) e *Sociedade e liberdade* (1961) tornaram-se clássicos nesse meio-tempo. Eles já desdobram as duas teses que iriam marcar a via intelectual original, e perseguida com insistência, desse liberal decidido.

A primeira tese direciona Kant e Max Weber contra Rousseau, no que, porém, Marx é o alvo: as desigualdades sociais se explicam não primariamente pela distribuição desigual de propriedade, mas pela necessidade de forçar o comportamento social conforme às normas por meio de sanções. Elas são a consequência colateral de uma estrutura de dominação inerente a toda sociedade como tal. A segunda tese se dirige contra a social-democracia clássica e justifica a circulação mercantil como mecanismo central da liberdade: a igualdade jurídica do *status* de cidadão tem de ser entendida, em primeira linha, como igualdade de chances, e não como uma igualdade de participação; a liberdade de autorrealização privada é, em caso de conflito, mais importante que o fardo da desigualdade social. Todavia, Durkheim não é inteiramente esquecido: se o mundo social se reduz a múltiplas *opportunities*, entre as quais podemos escolher mais ou menos racionalmente, o laço social se esgarça.

Na época, não tinha cabimento para mim o traço antiutópico de um liberalismo de mercado, por mais que tivesse uma âncora democrática e igualitária. Mas depois o impulso do cientista apaixonadamente engajado e do pedagogo popular, adepto do Esclarecimento, voltou a me arrebatar. Ele apelava à consciência de seus compatriotas no sentido de alertar que as questões alemãs foram em sua maior parte questões nacionais e sociais — e não questões liberais e democráticas dos povos que amam a liberdade. O liberal de esquerda acabou também com a herança ambivalente do liberalismo nacional alemão. Em 1965 aparece a obra *Gesellschaft und Demokratie in Deutschland* [Sociedade e democracia na Alemanha] — provavelmente o tratado formador de mentalidades mais importante ao longo do caminho da Alemanha até si mesma, até uma democracia que só se soltou dos resíduos das mentalidades autoritárias no curso de três a quatro décadas.

Para Dahrendorf, a sociologia permaneceu sempre teoria da sociedade; ele usava seu saber profissional como instrumento para diagnósticos de época reiteradamente atualizados, em meio ao crescimento de complexidade acelerado de uma modernidade sem descanso. A sociologia tinha a tarefa de "apreender seu tempo em pensamentos", herdada da filosofia. Entrementes, no entanto, a profissão voltou a abandonar em grande medida essa autocompreensão dos clássicos. Por isso, o apego à função de orientação e de autoentendimento da disciplina carece de uma explicação. Dahrendorf conduzia os assuntos acadêmicos também como *homo politicus*. Ele vive, pensa e escreve a partir da experiência de uma geração alemã que se define por não poder tomar posição sobre o limiar de épocas representado pelo ano de 1945.

É ilustrativo disso o seu livro mais recente, *Versuchungen der Unfreiheit* (2006) [*Tentações da não liberdade*]. Nele, Dahrendorf desenvolve uma espécie de ética da virtude política, partindo dos exemplos de figuras emblemáticas pós-heroicas que reuniu sob a sombra do grande espírito do Renascimento, Erasmo. Talvez fique em aberto se a seleção dessa galeria de espíritos liberais do século XX é procedente de modo geral, e se a lista das virtudes cardeais desses observadores íntegros, mas engajados, dos acontecimentos de sua época é convincente de modo geral. Em todo caso, é interessante a forma e o modo como Dahrendorf desenvolve sua ética, sob a contraluz dos intelectuais que fracassaram segundo seus critérios. Ele esboça a história das mentalidades políticas contrárias ao liberalismo, próprias de uma determinada geração nascida entre 1900 e 1910. Para tanto, o célebre romance de Ernst Glaeser, *Jahrgang 1902* [Classe 1902], oferece-lhe o modelo. O herói desse romance representa aquela "geração de incondicionados" da qual foram recrutados, durante os anos 1920 e 1930, os partidários resolutos e devotados dos grandes movimentos políticos. O romance fornece a contraparte militante para os ícones de Dahrendorf, aos Arons, Poppers e Berlins, que, diferentemente de muitos de seus colegas de geração, se mantiveram distantes dos movimentos totalitários de esquerda e de direita. A exposição de Dahrendorf não deixa nenhuma dúvida quanto ao caráter modelar da postura deles: é o amor pela liberdade que imunizou esses intelectuais contra as tentações do século totalitário.

É chamativa uma circunstância que mais revela sobre o próprio autor do que sobre o que ele quer dizer explicitamente a seus leitores. Qualquer quer tenha ou não tenha sido a direção em que marchou a classe 1902, em um aspecto ela cresce sob circunstâncias históricas análogas à própria classe 1929 de Dahrendorf. No começo da Primeira e da Segunda Guerra Mundial, os pertencentes dessas classes tinham respectivamente onze ou doze anos e nove ou dez anos, no fim das guerras, quinze ou dezesseis anos de idade. Não são as tomadas de posição polarizadoras em relação aos eventos históricos da época, mas antes o caráter provocativo dos próprios acontecimentos que desafiava tomadas de posição, o que forjou as cortes dessas classes, formando uma geração em cada caso. Ralf Dahrendorf deixa no pano de fundo a própria geração dos favorecidos, a geração "não tentada". Mas, mesmo sem a comparação expressa, os paralelos e principalmente as diferenças visíveis guiaram por certo o seu olhar sobre a geração anterior de intelectuais que tiveram de provar-se *e puderam fracassar*.

Da tentação totalitária foi poupada a geração nascida mais tarde. Essa circunstância certamente pôde induzir à imitação sem esforço de constelações passadas à identificação sem custos com o lado moralmente superior. Mas Ralf Dahrendorf é um caso excepcional também nesse aspecto. Com quinze anos, quando os outros ainda se atolavam no mingau privado de seus problemas de puberdade, ele já se expunha politicamente a tal ponto que a Gestapo o prendeu. Qualquer dúvida quanto a uma radicalidade compensada não pode atormentá-lo. Não obstante, se nele ressoa um sopro de lamento sobre o não heroico de nossa própria época de vida, e até mesmo sobre uma diminuta pontinha de quietismo nas biografias de suas admiradas figuras erásmicas, isso só pode ter sua razão de ser no temperamento impaciente e no engajamento apaixonado de um intelectual combativo com toda racionalidade. Ele louvaria alguma vez, de todo o coração, o país que não tem necessidade de herói algum?

11
Perfurações na fonte do espírito objetivo. Prêmio Hegel para Michael Tomasello[1]

O prêmio Hegel não se destina apenas a filósofos que representam a disciplina da filosofia. O primeiro premiado deveria ser Heidegger; quando esse intento malogrou, elegeu-se Bruno Snell, o filólogo clássico. E, assim, a Hans-Georg Gadamer se seguiu um linguista, Roman Jakobson, a Paul Ricoeur, um sociólogo, Niklas Luhmann, a Donald Davidson, um historiador, Jacques Le Goff, e assim por diante. Essa bela série se interrompe hoje pela primeira vez. No lugar do filósofo que viria na sequência, depois do sociólogo Richard Sennett, destacamos um psicólogo. Como pesquisador de primatas e psicólogo do desenvolvimento que trabalha no âmbito das ciências naturais, ele chega a explodir os limites das disciplinas ligadas às ciências do espírito e da sociedade, até agora observados.

Eu não conheço as razões que podem ter levado o júri a interromper a troca sucessiva das disciplinas. Porém, em uma consideração objetiva, não são apenas a categoria intelectual e

---

[1] A entrega do prêmio se realizou em 16 de dezembro de 2009, em Stuttgart.

a reputação mundial do laureado que justificam essa decisão. O perfil espiritual de Michael Tomasello é uma explicação suficiente: pois ele *é* um filósofo – na verdade não o é de acordo com a disciplina, mas sim no gênero de questionamento e no ducto de seu pensamento. Já dá testemunho de um temperamento filosófico a circunstância de ele incluir no agradecimento aos estímulos à sua primeira grande monografia todos aqueles clássicos "que através dos 2.500 anos passados refletiram sobre o enigma fundamental do conhecimento humano". Com isso, se visa Platão e as notas dedicadas a Platão. Todavia, não gostaria de deixar Michael Tomasello embaraçado com um elogio que poderia desencadear um eco discrepante entre seus colegas de disciplina mais próximos. Por isso, eu me apresso em acrescentar que o seu índice bibliográfico contém, só dos últimos 10 anos, uns 300 ensaios – trabalhos altamente especializados, publicados nas principais revistas da área com a autoria coletiva usual.

Contudo, são menos típicas da atividade da pesquisa institucionalizada as duas grandes monografias, traduzidas em várias línguas, que interrompem o fluxo cristalino dos artigos. O formato de livro revela o esforço construtivo de uma sinopse teórica dos detalhes investigados. Para o pesquisador em ciências do espírito, é tranquilizador ver que também nas ciências naturais as operações de construção teórica continuam manifestamente a ter de passar pela energia sintética de uma cabeça singular e pela força de exposição de um autor singular. Da minha perspectiva, Michael Tomasello se encontra na mesma série e com a mesma estatura que seus grandes predecessores, George Herbert Mead, Jean Piaget e Lev Vygotsky. Eles todos introduziram um pensamento filosófico genuíno e uma carga explosiva em uma situação de pesquisa especial. Eles trataram de questões que concernem aos seres humanos como tais. No caso de Tomasello, trata-se da questão filosófica sobre o surgimento da constituição social do espírito humano. E a resposta apoiada em experimentos consiste em que ela tem sua origem na relação triádica *entre* dois atores que, ao acordarem suas ações comunicativamente entre si, se referem em comum *a algo* no mundo. Tais questões podem se desdobrar conceitualmente com os meios analíticos da filosofia, mas as respostas dependem de uma clarificação empírica.

A ocasião em que se concede o prêmio Hegel justifica um olhar sobre a vizinhança filosófica dos trabalhos de Tomasello. A questão sobre o que difere o ser humano do animal, o *homo sapiens* dos demais primatas, não se coloca com o propósito de uma delimitação polêmica entre o superior e o inferior. Trata-se da explicação evolutiva de formas de vida socioculturais. Enquanto o pragmatismo estadunidense havia imaginado o surgimento da cultura no plano da história natural em termos hegelianos, a antropologia filosófica alemã pretendeu, por outro lado, conciliar Kant com Darwin. Mas, nas duas linhas de tradição, rompeu-se uma comunicação fecunda com as disciplinas das ciências naturais correspondentes, no mais tardar desde os meados do século passado. Uma das razões foi a imposição de estratégias de pesquisa reducionistas, tanto nas biociências quanto pelo lado daqueles ensaios filosóficos que se concebem hoje como parte das ciências cognitivas.

Com as pesquisas inovadoras do laureado, essa constelação poderia se modificar. Sua obra perscruta questionamentos filosóficos de um modo empírico, mas não reducionista. No começo, encontra-se a questão do psicólogo do desenvolvimento interessado em antropologia sobre o que os conhecimentos sobre a ontogênese da criança podem contribuir para esclarecer os enigmas filogenéticos da hominização – enigmas que se ocultam na escuridão arqueológica dos últimos 500 mil até 600 mil anos. Em comparação com o longo fôlego da evolução natural, o desenvolvimento cultural se efetua em velocidade célere e cada vez mais célere. Um contemporâneo com 80 anos hoje, que se lembra das circunstâncias sociais de vida e dos meios técnicos de seus avós e faz a tentativa de antecipar o mundo cotidiano de seus netos em crescimento, sentirá vertigens em vista dos desenvolvimentos exponencialmente acelerados.

Os seres humanos dispõem de um mecanismo cultural que falta às outras espécies animais – a memória de tradições, acumulada em sistemas simbólicos e nesse aspecto externada, a qual torna acessível às gerações seguintes o que foi coletivamente aprendido e inventado. Os processos de aprendizagem acelerados se explicam pelos efeitos acumulativos que surgem com a revisão do saber cultural acumulado, impreterível à luz de novas experiências. Também os chimpanzés empregam instrumentos simples; mas só entre os hominídeos observamos um aperfeiçoamento contínuo, por exemplo, o progresso técnico dos utensílios de cascalho da cultura olduvaiense até as cunhas manuais mais refinadas do paleolítico. O que separa o ser humano do macaco é uma espécie de comunicação que torna possível tanto o *enfeixamento* intersubjetivo quanto a *transmissão* para além de gerações e a elaboração renovada dos recursos cognitivos.

Esse fenômeno direcionou a atenção de Michael Tomasello, que utiliza a ontogênese como chave para a filogênese, para os princípios do ensino e do aprendizado. Ele não se concentra mais no sujeito cognoscente individual, que aprende por experiências no trato com seu entorno natural, mas em situações em que as mães remetem seus filhos a objetos a fim de ensinar-lhes algum coisa. Crianças com mais ou menos de um ano de idade seguem, já em sua idade pré-linguística, os gestos indicativos das pessoas de referência e utilizam elas mesmas o dedo indicador para partilhar suas percepções com os demais. Nesse contexto, Tomasello descobre uma relação complexa, para a qual não há correspondência entre os chimpanzés. No plano horizontal, um assume a perspectiva da percepção do outro, de sorte que surge uma *perspectiva social* a partir da qual os participantes dirigem simultaneamente, em direção vertical, sua atenção para o objeto indicado; dessa maneira, eles obtêm do objeto identificado e percebido em comum um saber *partilhado*.

Em contraposição a isso, os chimpanzés não podem romper as barreiras de sua perspectiva autorreferencial, controlada pelos próprios interesses. Sem dúvida, eles são extraordinariamente inteligentes e podem agir de maneira intencional, podem entender as intenções de um membro da espécie e avaliar corretamente a diferença espacial de suas posições, e mesmo tirar conclusões práticas, mas não podem estabelecer uma relação *interpessoal* com o outro. Eles não podem se relacionar com o outro como uma primeira pessoa se relaciona com uma segunda, como um Eu se relaciona com um Tu. A cognição só se liberta das presas de uma intencionalidade *autorreferencial* quando se vincula a uma comunicação por meio de gestos de indicação e gestos de imitação que se desprenderam da fixação genética, assumindo significados semânticos. A onda sociocognitiva decisiva consiste na aquisição da capacidade de ter uma atitude comunicativa para com um outro, de maneira que ambos podem constituir um saber comum e perseguir cooperativamente os mesmos objetivos por meio de referências gestuais a e por meio da imitação de algo no mundo objetivo.

Para a filogênese, isso significa uma forma de trabalho conjunto e de aprendizado cooperativo nova e, em termos evolutivos, vantajosa, com a qual o saber comum pode ser simbolicamente acumulado e reflexivamente elaborado. Falando em termos hegelianos, Michael Tomasello perfura a fonte do espírito objetivo com suas experiências variadas e espirituosas. Em todo caso, a comparação sistemática de crianças e chimpanzés lança luz sobre aquele recorte da evolução durante o qual a consciência subjetivamente embaraçada dos hominídeos se livrou do isolamento e, no domínio cooperativo de um entorno surpreendente, ajustou-se às intenções comuns. No curso da construção de um saber de fundo intersubjetivamente partilhado, o espírito socializado, partindo dos gestos mais simples, vai tecendo pouco a pouco, a partir de si mesmo, os nexos de sentido simbolicamente incorporados. De certo modo, Tomasello opera no local de origem da produção de instrumentos, da comunicação simbólica e da normatização social de ações. Esses três monopólicos humanos lembram não por acaso os *Projetos de sistema de Iena* para a filosofia do espírito; neles, Hegel ajustara as contas com a representação mentalista de uma subjetividade fechada de maneira autorreferencial, que demarca a si mesma contra o entorno.

A crítica de Hegel ao mentalismo já havia aberto o caminho à alternativa que Michael Tomasello desenvolve para o paradigma hoje predominante das ciências cognitivas. Nas preleções de Iena, Hegel colocara em jogo os "media" do instrumento, da linguagem e da família para rejeitar a imagem errônea de um abismo sobre o qual o sujeito cognoscente, *confrontando seus objetos como um estranho e de maneira egocêntrica*, teria de lançar uma ponte em vão. Em vez disso, Hegel projeta a imagem sociopragmática de um espírito subjetivo que já se encontra nos caminhos simbolicamente trilhados até a realidade. Nosso espírito se move desde o início em contextos funcionais que assumem uma figura objetiva nos instrumentos, desde o início ele se move no horizonte de um saber de fundo linguisticamente articulado e na rede social costumeira de práticas comuns. Marcado previamente por esse espírito objetivo próprio de um meio cultural, o espírito cognoscente se encontra *de antemão* junto a seu outro. Esse "ser junto ao outro" se refere ao adiantamento cognitivo de nexos de sentido simbolicamente incorporados, dos quais se nutrem as percepções, os juízos, os proferimentos e as ações *atuais em cada caso*.

Com sua obra *Die kulturelle Entwicklung des menschlichen Denkens* [O desenvolvimento cultural do pensamento humano], Michael Tomasello instalou os trilhos para suas pesquisas no Instituto Max Planck para Antropologia Evolutiva, em Leipzig. Delas resultou o *opus* pioneiro *Die Ursprünge der menschlichen Kommunikation* [As origens da comunicação humana]. Tomasello tenta aqui fechar as lacunas da explicação evolutiva que ainda existiam entre a primeira intenção comum e o mundo desenvolvido do espírito humano. A primeira percepção comum mediada por gestos, na qual se precipitam a cognição e a comunicação pública, forma um polo; uma forma de vida sociocultural constituída, na qual os sujeitos socializados se encontram desde o início, o outro polo. Entre os dois polos se situa a longa extensão da evolução de uma linguagem cuja alta complexidade gramatical não pode ter caído do céu. Já a criança na fase pré-linguística estabelece uma relação *triádica* quando aprende na comunicação com o outro a perceber o mesmo objeto da perspectiva de um Nós. Essa tríade é um indicador de que a intencionalidade da consciência humana se diferencia, *ao mesmo tempo*, no eixo social de uma relação recíproca e na referência comum a algo em um mundo que existe de maneira independente.

Husserl já havia mostrado, pelo caminho da análise conceitual, que a objetividade do mundo e a intersubjetividade do mundo da vida se constituem simultaneamente para nós. Mas na quinta *Meditação cartesiana*, ele não conseguiu explicar concludentemente o surgimento dessa interdependência entre a referência ao mundo e o entrelaçamento social das perspectivas dos participantes ao partir das operações de um proto-Eu transcendental. Com a comparação da cooperação solucionadora de problemas em crianças e chimpanzés, Michael Tomasello oferece agora os pontos de apoio empíricos de como a forma humana da comunicação, e com ela um modo de socialização novo em termos de história natural, poderia ter se desenvolvido, partindo do emprego cooperativo de uma combinação de gestos de indicação e gestos de imitação. A abordagem sociopragmática explica o surgimento da linguagem funcionalmente, partindo da solução de tarefas comunicativas universais que se colocam junto com a necessidade de coordenar de maneira conveniente as ações dos diversos participantes. Segundo essa leitura, a cooperação mediada por gestos, vantajosa em termos evolutivos, é o local de nascimento das convenções semânticas. É só no curso de sua associação gramatical que se chega sucessivamente às duas diferenciações decisivas que caracterizam nossas linguagens – à constituição de estruturas de enunciados compostos de referência e descrição e à distinção entre esses componentes proposicionais e o sentido de seu emprego pragmático.

Senhoras e senhores, o esboço traçado de maneira fugaz de uma teoria fascinante e ineditamente estimulante tem de bastar para convencê-los de que podemos reconhecer também o verdadeiro filósofo no antropólogo, no psicólogo do desenvolvimento e no linguista excepcional que é Michael Tomasello. Esse elogio pode soar estranho aos ouvidos de um cientista altamente profissionalizado. Hoje ele vai ter de aturá-lo.

12
"Como foi possível chegar a isso?"
Uma resposta de Jan Philipp Reemtsma[1]

A ocasião de hoje desperta uma lembrança ambivalente do primeiro contato com o laureado, ocorrido no ano de 1982. Ele me escrevera por causa da fundação de um instituto de pesquisa social; como alguém que acabara de sair da direção de um Instituto Max Planck, eu *não* encorajei, na época, o jovem colega, que se tornaria conhecido por seu interesse por Arno Schmidt. Hoje, o fundador obstinado pode olhar para trás, para mais de um quarto de século de trabalho bem-sucedido no instituto, com uma constatação sóbria:

> No instituto, nos últimos anos, quase cem projetos de pesquisa foram concluídos, e numerosas bolsas foram concedidas. O arquivo abrange uma superfície de 1500 metros de estante; na biblioteca, se encontram cerca de 40 mil unidades de *media*, e 260 assinaturas de revistas. O instituto organizou e realizou por

---
[1] Homenagem por ocasião do Prêmio por Compreensão e Tolerância, concedido a Jan Philipp Reemtsma, no Museu Judaico de Berlim, em 13 de novembro de 2010.

volta de 120 encontros, 350 conferências e 150 lançamentos de livros, grandes e pequenas exposições.²

Pela destinação do prêmio não posso inferir em que propriedade Jan Philipp Reemtsma deve ser honrado. Na esfera pública, ele não aparece somente como o diretor do instituto, tampouco apenas como o mecenas pensador. A proeminência de seu perfil inconfundível se deve muito mais às realizações de um amante analítico da literatura, de um escritor e de um intelectual político.

A linha temática dos trabalhos ensinados e engajados do *germanista* vai de Wieland, Lessing e Kleist até Arno Schmidt e Robert Gernhardt. Nessa linha se mostra o impulso para o resgate dos motivos do Esclarecimento. O temperamento do *escritor* não marca apenas as tentativas literárias, mas também o estilo do grande ensaísta e de um conferencista capaz de renunciar à retórica. A influência mais ampla, enfim, é obtida por Jan Philipp Reemtsma no papel de um *intelectual*. Ele se expôs, mas, distante de qualquer exposição de si mesmo, o *habitus* da pessoa antes de tudo reservada conferiu credibilidade às intervenções tão insistentes quanto claras. À questão de praxe do entrevistador sobre o papel do intelectual, Reemtsma respondeu seco: "Gente que tem o privilégio social de poder gastar seu dinheiro com pensamento deve fazer isso bem e com exatidão, faça-me o favor".

---

2 Instituto de Pesquisa Social de Hamburgo (org.), *Projekte, Veranstaltungen, Veröffentlichungen 2008-2011*, p.12; as outras citações provêm de Reemtsma, *Wie hätte ich mich verhalten?*.

Todos esses cinco papéis exercidos com soberania exigiria um louvor próprio – felizmente o laureado, que nesse gênero é ele mesmo um mestre, será poupado disso. Porém, nesse lugar, no Museu Judaico, é preciso falar de um motivo que não se desprende do pensamento e da escrita de Jan Philipp Reemtsma e que ainda deixa finos vestígios nos textos com os temas os mais distantes. O motivo é a perturbação de nós descendentes, nós que crescemos no país, na cultura, na sociedade e nos contextos familiares em que Auschwitz, em que o assassinato de judeus europeus, tornou-se possível. Jan Philipp Reemtsma retorna reiteradamente à questão ingênua que, antes de toda teoria e toda ciência, antes de toda controvérsia em torno das intenções da condução e da dinâmica própria dos processos sociais, coloca-se aos descendentes de uma maneira torturadora: a questão de como a vida inteiramente normal pôde continuar, ao passo que homens e mulheres inteiramente normais puderam fazer "isso".

Essa perspectiva não deveria despertar a suspeita de egocentrismo, que toma o lugar da empatia primacial para com as vítimas. Pois, para nós alemães, trata-se de um ângulo de visão atribuído, não livremente escolhido – em todo caso, para as duas gerações às quais Reemtsma e eu mesmo pertencemos. Que os membros de uma coletividade política *respondam* ainda uns pelos outros através de gerações, visto que se encontram nas mesmas tradições e estão ligados entre si pelos fios da socialização, é um pensamento consideravelmente avultante – um pensamento que Jaspers já havia introduzido. Segundo nossos critérios morais de hoje, talhados para a responsabilidade *individual* de cada um, o lugar exato da *responsabilidade coletiva* não é fácil de determinar. Só se falava da *culpa* coletiva polemicamente, por parte daqueles que também recusavam uma *responsabilidade*. A origem em condições de vida envenenadas, por assim dizer, pode fundar uma espécie particular de responsabilidade? Reemtsma, em todo caso, gostaria de saber qual é exatamente a fonte de nossa perturbação, e por que esta só pode ser atenuada, mas não aquietada.

O que nós ao menos entendemos em retrospectiva são as vias paralelas da nossa vida cotidiana normal, do funcionamento não chamativo de uma sociedade altamente diferenciada, por um lado, e do horror extremo de uma criminalidade violenta excessiva, por outro — pois, com efeito, esta deixou certamente na normalidade vestígios reconhecíveis: "como o extremo do horror pôde tornar-se realidade?". Essa questão se colocava após 1945, na retrospectiva lançada sobre uma sociedade que se tornou estranha, "cujo estado nós [porém] não [podemos] menosprezar como surto regressivo em uma pré-modernidade, visto que se liga à nossa sociedade em muitíssimos traços e continuidade". Eu só posso aludir sucintamente aos três passos do importante pensamento fundamental de Reemtsma:

— Na antiga Alemanha Ocidental, essa questão não respondida gerava, ao mesmo tempo, o desejo de reconquistar o "equilíbrio emocional abalado". Mas as tentativas, agora postas em prática, de "normalizar" o presente, não fizeram mais que reforçar o mal-estar exasperante que se destinavam a eliminar. Jan Philipp Reemtsma chega a reconhecer nas tentativas de normalização uma continuidade daquela exata dinâmica psicossocial que tornou o passado imediato tão estranho e tão incompreensível:

> A reconquista da normalidade após 1945 nos trouxe a necessidade de não só suportar a proximidade com o assusta-

dor, mas também produzi-la [...] a fim de não observá-la [...]
O que a comunidade nacional começou comunitariamente
não foi tão monstruoso somente por causa da quantidade
de vítimas, mas por causa da quantidade de criminosos e
cúmplices, de modo que um castigo só teria sido possível, de
novo, com métodos como execuções e internações em massa
[...] Que a Alemanha do pós-guerra foi erigida sobre um matadouro e que a maioria dos algozes se aposentou nele é um
fato que emocionalmente jamais pode ser compreendido.

Essas palavras impiedosas do ano de 1966 ganham plausibilidade mais uma vez por conta da publicação das comissões de historiadores a respeito do Ministério das Relações
Exteriores e do Ministério de Finanças, a respeito das ações
e das omissões dos funcionários antes e depois de suas
carreiras *após* 1945.
— Em razão dos impressionantes trabalhos de pesquisa
histórica, as tentativas de normalização cederam, desde
os fins dos anos 1960, ao empenho por um trato mais
ofensivo com o passado nazista. Com o olhar dirigido a
esse período, Reemtsma avança até o cerne do problema.
Mas também a historicização dos acontecimentos não
pode tapar a fonte moral da inquietação: "'Como isso
tudo pôde acontecer?' Eu penso que, nesse meio-tempo,
pode-se responder a essa questão muito bem, mas torna-se
patente, ao mesmo tempo, o quão pouco [...] se ganhou
com aquilo que se pode". Certamente, compreender não
significa perdoar. Mesmo a exposição objetivante das
histórias em que os atores estavam enredados na época se
serve de uma linguagem intencionalista, na qual as ações

se explicam por motivos e circunstâncias, sem com isso *privar* os sujeitos agentes da possibilidade do poder-dizer-
-não. Uma explicação histórica precisa pôr a tônica, porém, sobre aqueles motivos pelos quais se agiu assim de fato e não de outro modo.

— Mas se esses motivos, por exemplo, por causa da irracionalidade abissal do exercício da violência, escapam ao cânone habitual da psicologia cotidiana, eles precisariam ser expostos de tal modo que não desvaneça a exasperação do leitor. Pois, em tais casos, o efeito distanciador da histo*riografia* contribui involuntariamente para nivelar, nos contextos de ação explicados com plausibilidade, o espaço de ação do poder-dizer-não, que, contudo, existia. O problema que resulta daí para a historio*grafia* já havia sido o tema de uma troca de cartas entre Martin Broszat e Saul Friedländer, durante a querela dos historiadores.[3] Com suas duas exposições sobre as forças armadas, Jan Philipp Reemtsma apresentou à esfera pública alemã os acontecimentos na frente oriental exatamente da perspectiva na qual Saul Friedländer escreveu então sua história do holocausto — a saber, "de tal modo que é compreensível como foi possível chegar a isso [...] mas, ao mesmo tempo, também de modo que permanece *visível* — ou se torna visível pela primeira vez — que os acontecimentos foram crimes que poderiam não ter ocorrido".

---

3 Broszat; Friedländer, Um die "Historisierung" des Nationalsozialismus. Ein Briefwechsel, *Vierteljahrshefte für Zeitgeschichte*, p.339-372.

13
Kenichi Mishima no discurso intercultural[1]

Eu me lembro de uma experiência digna de nota no ano de 1982, durante minhas primeiras cinco semanas no Japão, bastante emocionantes. Quando, nesse ambiente cultural estranho e impenetrável, na época ainda muito formal, entrei em diálogo com um colega falando fluentemente o alemão, Kenichi Mishima, agitou-me o pensamento: sem dúvida, ele fala melhor o alemão do que nós. Não foneticamente, mas nas formas gramaticais complexas, eu escutava um alemão literariamente elevado, um alemão de Thomas Mann compassado, ao qual ainda se juntava algo da distância da letra escrita, que, porém, desdobra sua elegância natural no fluxo coloquial das palavras faladas. Não só esse talento natural fez de Kenichi Mishima um fenômeno excepcional no discurso intercultural. Não importa a quem e sobre que tema ele fala no mundo todo, sempre ele o faz *também* como japonês, mais precisamente, com a consciência

---
[1] Por ocasião da concessão do título de doutor *honoris causa* da Universidade Livre de Berlim a Kenichi Mishima, em 17 de fevereiro de 2011.

altamente reflexiva de que ninguém pode sair de sua pele cultural; mas não encontrei até hoje nenhum outro japonês que se movesse intelectualmente entre nós europeus, particularmente entre nós alemães, como se estivesse sob a *nossa* pele.

Por exemplo, em um evento dedicado aos cinquenta anos do Oito de Maio de 1945, nenhum intelectual alemão autocrítico poderia ter proferido, com o conhecimento mais íntimo e em um contato mais próximo com os repúdios culturais da história alemã mais recente, um discurso mais exato sobre os desenvolvimentos mentais da antiga e da nova República Federal da Alemanha, incipiente na época, do que Kenichi Mishima. Nenhum de nós poderia ter celebrado com maior força verbal a normalidade consciente do cotidiano como cerne de uma democracia subversiva – pois "o nexo da grande arte e da grande política se esgarçou [na época]". E não teria sido o mesmo discurso se, apesar de toda a concordância no tom, Heinrich Böll ou Günter Grass tivessem sido os oradores. Pois teria faltado a pontada aguda do olhar de fora. Pois, de passagem, Mishima zomba nessa ocasião também do orgulho etnocêntrico de nossa autocrítica tomada como Esclarecimento: "Com isso, eles reclamam o Esclarecimento europeu para si. Porém, o confisco de bens espirituais é sempre problemático, se efetuado em razão de uma linguagem comum".

Hoje celebramos não só o intelectual democrático que desde o Japão do pós-guerra até hoje levanta sua voz crítica contra os cultos entre os detratores da modernidade. Pois podemos aprender não somente com o intelectual contemporâneo que nos ensina sobre os paralelos e as diferenças entre os discursos formadores de mentalidades, no Japão e na Alemanha do pós-guerra. Somos instruídos ainda mais pelo erudito. Mas aqui se exige cautela. A circunstância de que o âmbito disciplinar japonês da Universidade Livre de Berlim honra hoje um colega poderia despertar a impressão de que Kenichi Mishima teria sido distinguido por suas grandes realizações no terreno dos estudos germanistas japoneses e como o mediador genial entre nossas culturas. Talvez seja o caso, e não quero diminuir esse mérito. Mas sei que nenhum juízo restrito às disciplinas pode fazer justiça à substância e à influência da obra ramificada de Mishima.

Pois nessa única pessoa nos deparamos com um teórico da literatura e um filósofo, com um cientista social e um historiador das ideias políticas, e, no todo, com o comparatista, que conduz ciências culturais comparativas. Todavia, esses interesses que transcendem as disciplinas circundam um foco, as condições culturais da modernização social, para as quais Max Weber abrira os olhos de Mishima. Desde alguns anos, Kenichi Mishima faz parte do conselho internacional do Instituto de Pesquisa Social de Frankfurt; mesmo que esse papel possa ser antes de tudo de natureza decorativa, ele dá asas à minha imaginação. A questão sobre o ponto central dos trabalhos acadêmicos de Mishima poderia ser respondida talvez com a ideia de que esse espírito produtivo teria se ajustado bem no círculo interdisciplinar em torno de Horkheimer; no entanto, na função subversiva de um não conformista, que teria levado esses antigos europeus, apesar de todo o entusiasmo com seu programa, a tomar consciência do ponto cego de sua fixação com a modernidade ocidental.

A discussão sobre Max Weber tem uma longa tradição no Japão; ali, ao contrário de nós, ele não precisou ser instaurado como clássico pelo viés de uma reimportação estadunidense no começo dos anos 1960. Para arejar no Japão o assim chamado "segredo da modernização bem-sucedida", buscaram-se por muito tempo, na linha de Max Weber, os equivalentes religiosos da camada empresarial das seitas protestantes. Mishima indicou uma outra direção para essa pesquisa. Ele investiga a questão de saber se, em vez da consciência religiosa, não foi "uma certa mentalidade cultural [...] suscetível de assumir os aparatos funcionais modernos" que tornou possível uma modernização capitalista no Japão. A troca de perspectivas da sociologia da religião para a sociologia da cultura direciona o olhar para a complementação notável das estruturas de dominação autoritárias por parte de uma modernidade estética, ainda que de certo modo politicamente represada, cujos conteúdos subversivos não puderam se dispersar em uma vasta e controlada mudança na atitude política e cultural. Desse ângulo de visão, impõem-se interessantes paralelos entre a Alemanha imperial e o Japão depois da restauração Meiji.

A teoria da sociedade de Mishima é sensível à diversidade cultural dos processos de modernização; ao mesmo tempo, ela se guarda de insuflar as tradições culturais formando totalidades fechadas. Hoje a propagação global dos mesmos *media* de comunicação, dos mesmos mercados, das mesmas infraestruturas administrativas e sociais por trilhas civilizatórias inteiramente distintas desencadeia a mesma dialética de tradição e modernidade, conhecida também na Europa. A força de impressão de uma apropriação consciente da modernidade social a partir dos próprios recursos culturais faz surgir muitas modernidades, se as coisas vão bem. É nessa dimensão que se movem os interesses científicos e as intervenções públicas de Mishima. Aqui seus estudos encontram seu autêntico lugar.

Sem dúvida, toda nação e toda região precisa dominar um processo de apropriação por força própria, mas elas só podem fazê-lo na comunicação com outras culturas. Esses processos extenuantes se efetuam no palco aberto sobre o qual cada um observa cada um, e cada um é afetado pelas observações dos outros. A autoimagem é sempre também um reflexo das imagens do próprio no outro. Esse espaço de ecos desconcertantes é o terreno da pesquisa de Mishima. Mas, visto que a violência militar e o poder imperial se entretecem com as influências assimétricas sobre a compreensão cultural e religiosa de si e do mundo, são principalmente as patologias da situação mundial pós-colonial o que Mishima persegue. A dinâmica das relações entre o Ocidente e o Oriente, que no século XVIII ainda era determinada pela curiosidade mútua, por exemplo entre a França e a China, acabou perdendo totalmente o equilíbrio desde o imperialismo colonial do século XIX.

O trabalho de reflexão equitativo e obstinado de Mishima serve à correção dos danos da era pós-colonial, nos quais o Japão não colonizado também foi envolvido. No que concerne ao próprio país, Mishima opera sobre os sintomas de uma mistura "de autodegradação e autoafirmação". Ele concebe o "ocidentalismo japonês" como o reflexo dos assujeitados às projeções de um vencedor que se entrincheira em uma autoconsciência tacanha:

> Os homens subjugados pelos europeus se inclinam a avaliar-se a si mesmos com os olhos europeus, imitados ora errônea ora corretamente. Nesses dois fatores, vale dizer, na construção europeia do "outro" e na prontidão desse "outro" para modelar sua autoimagem, por sua vez, de acordo com a perspectiva eu-

ropeia assumida, reside a razão do caráter construído, tanto da identidade "europeia" como também do "outro".

O critério secreto das investigações clínicas é formado pela convicção de que só podemos escapar realmente da sombra do colonialismo quando se exerce uma compreensão recíproca para a outra modernidade e para o pano de fundo cultural não familiar. Muitas vezes, pelo menos nos muros da universidade, uma antecipação dessa adoção não forçada de perspectivas parece ser possível. Se Mishima explica a famosa concepção do "*do*" ou do "caminho" partindo da recepção japonesa das três grandes doutrinas da era axial no Leste Asiático, ou seja, taoismo, budismo e confucionismo, sem precedentes em sua amálgama, na discussão subsequente é quase já indiferente quem dos especialistas provém do Ocidente, quem do Extremo Oriente. Na troca dos argumentos, cada um pode aprender com o outro.

Também Mishima, como nós todos, aprendeu com Benjamin e Adorno – e também com Heidegger; aliás, ele dedicou um artigo à recepção da obra tardia de Heidegger no Japão, politicamente codificada, com o título "Über eine vermeintliche Affinität zwischen Heidegger und dem ostasiatischen Denken" [Sobre uma suposta afinidade entre Heidegger e o pensamento do Leste Asiático].[2] À confrontação com Heidegger e Benjamin devemos as reflexões do filósofo Mishima, que podem ser entendidas como o produto metódico de seus trabalhos nas ciências culturais. Para concluir, permitam-me abordar ainda, sucintamente, essa contribuição original para a hermenêutica.

---

2 In: Papenfuss; Pöggeler (orgs.), *Zur philosophischen Aktualität Heideggers*. v.3, *Im Spiegel der Welt: Sprache, Übersetzung, Auseinandersetzung*, p.325-341.

Que atitude o historiador deve tomar em relação à tradição? Mishima encontra um ponto de apoio na frase do conde Yorck, à qual Heidegger se refere em *Ser e tempo*; Yorck fala do "caráter fundamental da história como 'virtualidade'". Mishima – posso dizer nesse contexto, o Mishima ex-aluno de jesuítas? – gostaria de despertar no historiador o senso para as possibilidades de um começo novo na crise, para "o poder-começar-de-maneira-nova-sempre-de-novo". Por outro lado, ele se volta contra um tradicionalismo que meramente se espreguiça "no regaço quente da continuidade da substância cultural". Porém, ele tampouco concorda com a iconoclastia da esquerda, que se dispõe para a descontinuidade. Pelo contrário, devemos recorrer aos *potenciais* do passado partindo do horizonte praticamente aberto do próprio futuro, àquelas fases de transformação em que o novo surgiu – ou poderia ter surgido. Simultaneamente, uma semelhante hermenêutica das "possibilidades passadas não realizadas" se anima para um distanciamento radical em relação ao próprio presente. Isso não significa uma celebração da ruptura com a continuidade; pois, mesmo na rejeição, na revisão dos antigos erros, afirma-se a continuidade de um processo de aprendizagem.

É equivocado ler nesse pensamento complexo um alerta do intelectual político? Mishima quer alertar seus contemporâneos, no Japão e na Alemanha, para que não recaiam nas possibilidades que o ano de 1945 abrira também para os dois países? Eu congratulo a Universidade Livre de Berlim por ter elegido um espírito livre como doutor *honoris causa* – e ao senhor, caro Mishima, por esse merecido reconhecimento.

14
Da distância próxima.
Um agradecimento à cidade de Munique[1]

Prezado e caro senhor Ude, durante duas décadas de seu tempo de mandato, eu o ouvi falar com frequência e com admiração crescente em ocasiões culturais públicas. Esses discursos se nutrem visivelmente da fonte energética de uma curiosidade que não se paralisa e da capacidade de entregar-se às outras pessoas. Uma vez que eu mesmo fui alçado hoje a objeto de um semelhante exercício, posso confirmar fielmente, da perspectiva de um concernido, essa qualidade de um prefeito que não demonstra nenhum sinal de uso contínuo. Como colega mais velho, alegrou-me especialmente que um filósofo tão competente e ilustre como Julian Nida-Rümelin tenha aceitado a labuta de fazer um louvor tão amistoso e informado. Eu tenho mesmo a sorte de ter me tornado aos poucos um especialista na avaliação desse gênero – esse discurso concentrado foi um feito de mestre.

---

[1] Por ocasião da concessão do Prêmio de Honra Cultural da Cidade de Munique, em 22 de janeiro de 2013.

Mesmo que se abstraia desse discurso todo o aspecto pessoal, das palavras brilhantes do orador incide ainda luz suficiente sobre a própria disciplina da filosofia política, que nós dois representamos. Todavia, as excursões de Platão por Siracusa deixaram perplexidades duradouras, sobretudo a dúvida sobre se a filosofia de modo geral pode realizar algo de útil para a política. Embora um filósofo renomado na função de ministro da Cultura tenha demonstrado faz tempo a aptidão de nossa disciplina para a práxis, entre os políticos e no grande público continua a inflar-se sempre o prejuízo segundo o qual a filosofia política é, no melhor dos casos, um recurso para discursos de domingo, sem consequências.

Essa questão me veio à mente quando refleti sobre aquilo com o que hoje à noite, apesar dessa desconfiança difundida, eu poderia corroborar o júri por ter tomado a decisão correta também desta vez. Eu quis enfraquecer o preconceito contra a filosofia política e imaginei efetuar uma clarificação sobre o conceito — uma clarificação conceitual é, com efeito, o que os filósofos podem fazer ainda de melhor. Então eu quis introduzir uma carga explosiva em um contexto político atual. Pensei no conceito peculiar de solidariedade. Quis distinguir esse conceito relativamente jovem, proveniente da Revolução Francesa, da moral e da justiça, a fim de retirar-lhe o aspecto moralmente mofo e samaritano.

Teria sido uma reflexão singela: quando nos comportamos solidariamente, sem dúvida fazemos mais do que o dever moral ou o direito vigente requer de nós; mas uma expectativa de solidariedade exige menos de nossa boa vontade do que um imperativo moral. Pois a solidariedade funciona apenas na reciprocidade; o único elemento moral se oculta em uma operação prévia. No entanto, ambas as partes já precisam ter se enredado em um tecido de dependências funcionais e sociais recíprocas. Então um, que é solidário para com o outro, age em longo prazo também no próprio interesse, visto que pode confiar em que o outro se comportará de maneira semelhante em uma situação análoga, de imediato por prudência.

As senhoras e os senhores já pressentem que, para uma tal preleção, as imagens de desavença em torno da crise do euro entre os chefes de governo em Bruxelas teriam se apresentado como uma espécie de instrumento pedagógico. O grande eco que essa disputa esportiva de puxar a corda entre os países credores e os devedores encontrou em nossas esferas públicas nacionais teria se imposto imediatamente para conferir ao trabalho conceitual estéril do filósofo um pouco de cor e concretude. E as senhoras e os senhores também antecipam agora o quão pouco o conceito analiticamente clarificado de solidariedade coincidiria com o uso que o governo alemão faz da palavra homônima, quando apregoa que seu embrulho generosamente apertado, feito de promessas de crédito e de políticas de austeridade, é uma expressão de sua "solidariedade" para com os países endividados, e isso apesar de o fisco alemão continuar a ganhar também de maneira obscena com os juros altos nos países em crise, ao passo que na Espanha um a cada dois jovens está sem emprego. Nesse contexto, eu quis então detonar o conceito na questão: espelha-se talvez nas altas taxas de assentimento que a política do governo alemão para a crise desfruta entre nós também a gratidão por sossegar utilmente uma má consciência? Não somos gratos ao governo, que recolhe nosso dinheiro, também por ele ajudar a recalcar em nós o tema penoso de uma solidariedade impreterível, mas abandonada, para com os países do sul?

Para ser sincero, eu já tinha até colocado no papel esse jogo de ideias, agora resumido sucintamente aqui; mas esse projeto não passou pela censura doméstica. Minha mulher, desde sempre a primeira e a mais rigorosa crítica, aconselhou-me que eu deveria aproveitar essa noite amistosa para algo mais simpático, mais leve, em vez de abstrações filosóficas. O que as senhoras e os senhores ouvem hoje à noite é o resultado dessa exigência desmedida. Baixei então da internet, na esperança de um surto criativo, a lista imponente dos 55 detentores desse prêmio – o que eles quiseram dizer nessa mesma ocasião?

O único outro filósofo que descobri nessa série verdadeiramente célebre recebeu muito cedo, no ano de 1960, essa distinção – imediatamente após Werner Heisenberg e Bruno Walter, e seguido por Karl Schmidt-Rottluff e Fritz Kortner. Foi Martin Buber. Quando estudante, ouvi uma conferência de Buber, após seu primeiro retorno do exílio. Da apresentação impressionante da pequena figura do ancião encanecido e barba cerrada, do sábio de Israel, conservei uma lembrança viva. Decerto, sobretudo porque o próprio evento e o fenômeno, ou seja, o aspecto performativo, cobriram de sombras o conteúdo da conferência. Justamente por isso essa lembrança tampouco foi capaz de oferecer alguma ajuda na orientação para a noite de hoje.

Naturalmente, há outros talentos entre os detentores do prêmio que de certo modo foram criados no berço para tais ocasiões, Dieter Hildebrandt por exemplo, ou um espírito jovial e espontâneo como Hans Magnus Enzensberger, que desponta pela inteligência e em toda situação encontra a palavra certa. A tarefa deve ter sido mais simples do que para mim também para literatos como Erich Kästner, Wolfgang Koeppen ou Tankred Dorst; eles podiam prosseguir simplesmente suas rotinas de escritor. Para psicanalistas como Alexander Mitscherlich, o limiar entre o divã e a esfera pública de uma câmara municipal pode ter sido mínima, de todo modo. E, dos muitos atores e cineastas, músicos, compositores e pintores célebres entre os detentores do prêmio, a maioria perfez carreiras cheias de brilho aqui em Munique; eles incorporaram a cultura de Munique na própria pessoa, a tal ponto que puderam continuar a desempenhar seu papel em noite semelhante. Evidentemente, nada disso é o meu caso.

Por fim, encontro na lista ainda uma série de amigos como Joachim Kaiser, Alexander Kluge, Michael Krüger ou Ulrich Beck; eles plantaram raízes biográficas profundas nas realidades de Munique – como também Rachel Salamander, que sem dúvida nasceu de maneira fatídica nessas paragens, mas hoje ocupa uma posição cuja percepção vai além dos limites da cidade. Todos eles puderam desenvolver um tema partindo da trama local que lhes era familiar. Mas o que posso lá dizer sobre Munique? No máximo, algo muito prosaico: posso dizer como essa metrópole do sul, tão decantada e sempre luminosa, parece estar a uma *distância próxima*.

Minha mulher e eu moramos há quatro décadas em Starnberg, uma cidade que, de uma vila de pescadores, amadureceu como cidade somente cem anos atrás, depois que a construção veneziana do belo prédio da estação ferroviária foi erguido, logo, depois que a conexão da linha de ferro com a cidade de residência do rei bávaro foi estabelecida. Graças a um acaso da profissão, estou em casa ali. Sentimentos por minha terra natal eu só tenho quando viajo para a Renânia, onde a entoação jovial e familiar dos habitantes de Bonn, Köln e Düsseldorf já irradia uma mentalidade civil confiável. Sinto emoções um pouco discrepantes em minha cidade natal, onde cresci feliz no começo, mas mais tarde com as ambivalências da juventude. Em contraposição a isso, tenho um vínculo quase sentimental com Frankfurt, onde as lembranças de um período da vida plena de experiência e dinâmica se aderem a muitos lugares. Mas, em casa, eu estou em Starnberg, onde, nesse meio-tempo, para minha surpresa, já vivo mais do que foi o caso em qualquer outro local. E com isso chego a Munique.

Pois Starnberg não é um universo que se baseia em si mesmo, como Weilheim, por exemplo. Ela depende de um complemento. Em Starnberg, não se pode viver sem dirigir o olhar para o sul, por sobre o lago, para a cadeia alpina que se aproxima até a palma da mão com o vento quente das montanhas; tampouco sem ceder ao impulso para caminhar. Pois a cidade se abre com prontidão para a paisagem, marcada por Bicheln e pelas torres bulbosas, de Pfaffenwinkel até Murnau, Eschenlohe, Kochel e Bad Tölz. Mas tampouco se pode viver em Starnberg sem o contato por trem com a grande cidade ao norte. Naturalmente, em vista de sua estrutura – das escolas e das farmácias até os bancos, do hospital até a feira semanal –, a abastada Starnberg é autárquica. Há até mesmo um equivalente para o restaurante Dallmayr ou o Käfer de Munique, e o Fischladen é bacana, de todo modo. Mas Munique tem de existir para tudo o que ainda falta de hábito. Essa bipartição é característica da relação singular que se estabelece com esse centro pela distância próxima.

Munique é a cidade onde pernoito, mas onde nunca vivi e nunca trabalhei; que a intervalos curtos procuro repetidas vezes como um meio de vida, embora não de maneira simples, mas sempre visando ocasiões determinadas. Desse modo, minha mulher e eu seguimos as encenações operísticas de sir Peter Jonas, conhecemos a era teatral de Dorn nos dois lados da rua Maximiliano, observamos como na Casa da Arte cada novo diretor adota uma atitude diferente em relação à pátina da época do nazismo, lembramo-nos das confrontações em torno de Beuys na galeria de Armin Zweite, visitamos também os outros museus mais ou menos regularmente, vamos ao Gasteig para um ou outro evento, para conferências na universidade, que continuou estranha etc. Quase todos os amigos moram em Munique, e nesse meio-tempo eu até consigo me orientar no distrito de Lehel. Contudo, para mim não só a universidade, mas também a cidade em seu todo – essa cidade atrativa com suas belas igrejas barrocas, com as fachadas adornadas, com o estilo de Maximiliano, com o anjo se erguendo e com a compassada Königsplatz – manteve sempre um elemento do que continuou estranho.

Ao esboçar assim minha relação com Munique, trata-se para mim de uma determinada fenomenologia da distância próxima. A oscilação notável entre o familiar e o que é apenas bem conhecido, que depois de todas essas décadas naturalmente não contém em si nada de um mero conhecimento turístico, não desaparece. Permanece uma diferença. *Estar* familiarizado com um entorno urbano vivenciado, com um bairro da cidade em que habitamos e com que nos habituamos, ou seja, viver *em* um mundo é uma coisa; outra coisa é a familiaridade seletiva com as veias culturais de um organismo urbano ricamente configurado. Talvez a riqueza cultural de Munique se abra, por causa de certo caráter ostensivo de sua procedência áulica, com até mais evidência desde essa distância próxima, mostrando-se com mais destaque do que no interior de seus muros.

Seja como for, o usufruidor agradecido de Starnberg sente a concessão do Prêmio de Honra Cultural como um ato de comunitarização abraçadora, mas generosamente tolerante com a distância remanescente.

Referências sobre os escritos

1) Grossherzige Remigranten. Über jüdische Philosophen in der frühen Bundesrepublik. Eine persönliche Erinnerung. In: *Neue Zürcher Zeitung*, 2 de julho de 2011, p.21.
6) Der nächste Schriftt für Europa. Interview mit Hubert Christian Ehalt und Claus Reitan. In: *Die Furche*, maio de 2012, p.4-5.
7) Politik und Erpressung. Ach, Europa. Die Krisenverursacher kassieren die Gewinne, und die Bürger zahlen die Zeche. Rede bei der Entgegennahme des von der hessischen SPD verliehenen Georg-August-Zinn-Preises. In: *Die Zeit*, 6 de setembro de 2012, p.50.
8) Diskussionsbeitrag im Rahmen des "Forum Europa" auf dem 69. Deutschen Juristentag, 2012, Munique, impresso in: *Verhandlungen des 69. Deutschen Juristentags*, vol. II/I, *Sitzungsberichte – Referate und Beschlüsse*, Munique: C. H. Beck, 2013, p.Q10-Q49.
9) Demokratie oder Kapitalismus? Vom Elend der nationalstaatlichen Fragmentierung in einer kapitalistisch integrierten Welgesellschaft. In: *Blätter für deutsche und international Politik*, n.5, 2013, p.59-70.
10) Jahrgang 1929. Er lebt, denkt und schreibt aus der Erfahrung einer Generation, der es nicht möglich war, zur Zäsur von 1945 nicht Stellung zu nehmen. Eine Oxforder Rede zum achtzigsten Geburtstag von Ralf Dahrendorf. In: *Frankfurter Allgemeine Zeitung*, 2 de maio de 2009, p.35.

11) Bohrungen an der Quelle des objektiven Geistes. Laudatio bei der Verleihung des Hegel-Preises an Michael Tomasello. In: *Westend*, n.7/I, 2010, p.166-170.
13) Er zeigt auf unseren blinden Fleck. Wie Kenichi Mishima die Welt bewohnbar macht. In: *Frankfurter Allgemeine Zeitung*, 18 de fevereiro de 2011, p.33.

Referências bibliográficas

ALTVATER, E. Der politische Euro. Eine Gemeinschaftswährung ohne Gemeinschaft hat keine Zukunft. In: *Blätter für Deutsche und internationale Politik*, n.5, 2013.

APEL, K.-O. Die Logos-Auszeichung der menschlichen Sprache. Die philosophische Tragweite der Sprechakttheorie. In: *Paradigmen der Ersten Philosophie*. Zur reflexiven – transzendentalpragmatischen – Rekonstruktion der Philosophiegeschichte. Berlin: Suhrkamp, 2011.

ASCHHEIM, S. *Beyond the Border*. The German-Jewish Legacy. Princeton: Princeton University Press, 2007.

BENJAMIN, W. Über den Begriff der Geschichte [1942]. In: *Werke und Nachlaß*. Kritische Gesamtausgabe. v.19. Berlin: Suhrkamp, 2010.

BOGDANDY, A.; VENZKE, I. Zur Herrschaft internationaler Gerichte. Eine Untersuchung internationaler öffenticher Gewalt und ihrer demokratischen Rechtfertigung. In: *Zeitschrift für ausländisches öffentliches Recht und Völkerrecht*, n.70, 2010.

BOGDANDY, A.; DANN, Ph.; GOLDMANN, M. Developing the Publicness of Public International Law. Towards a Legal Framework for Global Governance Activities. In: *German Law Journal*, 9/11, 2008.

BOHMAN, J. F.; REHG, W. (orgs.). *Deliberative Democracy*. Essays on Reason and Politics. Cambridge (Mass.): MIT Press, 1997.

BRENNER, M. *Jüdische Kultur in der Weimarer Republik*. Munique: Beck, 2000.

BROSZAT, M.; FRIEDLÄNDER, S. Um die "Historisierung" des Nationalsozialismus. Ein Briefwechsel. In: *Vierteljahrshefte für Zeitgeschichte*, n.4, 1988.

BRUNKHORST, H. *Solidarität unter Fremden*. Frankfurt am Main: Fischer, 1997.

_____. *Solidarität* – Von der Bürgerfreundschaft zur globalen Rechtsgenossenschaft. Frankfurt am Main: Suhrkamp, 2002.

BUBER, M. Die Frage an den Einzelnen [1936]. In: *Das dialogische Prinzip*. 2.ed. Gütersloh: Gütersloher Verlagshaus, 1986.

_____. Autobiographical Fragments. In: SCHILPP, P. A.; FRIEDMAN, M. (orgs.). *The Philosophy of Martin Buber, Library of Living Philosophers XII*. London: Cambridge University Press, 1967.

_____. *Das Problem des Menschen* [1948]. 7.ed. Gütersloh: Gütersloher Verlagsanstalt, 1987.

_____. *Ich und Du* [1923]. In: *Das dialogische Prinzip*. 2.ed. Gütersloh: Gütersloher Verlagshaus, 1986.

_____. *Zwiesprache* [1929]. In: *Das dialogische Prinzip*. 2.ed. Gütersloh: Gütersloher Verlagshaus, 1986.

_____. Replies to my Critics. In: SCHILPP, P. A.; FRIEDMAN, M. (orgs.). *The Philosophy of Martin Buber, Library of Living Philosophers XII*. London: Cambridge University Press, 1967.

COMISSÃO EUROPEIA, Ein Konzept für eine vertiefte und echte Wirtschafts- und Währungsunion: Auftakt für eine europäische Diskussion. In: *COM*, 2012, 777, final/2. Disponível em: http://ec.europa.eu/commission_2010-2014/president/news/archives/2012/11/pdf/blueprint_de.pdf. Acesso em: abr. 2013.

DRAGHI, M. So bleibt der Euro stabil! Die Europäische Zentralbank kann der Währung durch die Krise helfen. In: *Die Zeit*, 30 ago. 2012.

ENDERLEIN, H. *Nationale Wirtschaftspolitik in der europäischen Wirtschaftsunion*. Frankfurt am Main: Campus, 2004.

GAMMELIN, C. Wir durchbrechen den Teufelskreis. Interview mit EU-Kommissar Michel Barnier. In: *Süddeutsche Zeitung*, 31 ago. 2012.

GANS, C. A. *Just Zionism*: On the Morality of the Jewish State. Oxford: Oxford University Press, 2008.

HABERMAS, J. *Vergangenheit als Zukunft* – Das alte Deutschland im Neuen Europa? Munique: Pipper, 1993.

_____. Braucht Europa eine Verfassung? In: *Zeit der* Übergänge. Kleine Politische Schriften. v.IX. Frankfurt am Main: Suhrkamp, 2001.

_____. Die Krise der Europäischen Union im Lichte einer Konstitutionalisierung des Völkerrechts. In: *Zur Verfassung Europas. Ein Essay*. Berlin: Suhrkamp, 2011. [Ed. bras.: A crise da União Europeia à luz de uma constitucionalização do direito das gentes. In: *Sobre a constituição da Europa*. São Paulo: Editora Unesp, 2012.]

_____. *Die Postnationale Konstellation*. Frankfurt am Main: Suhrkamp, 1998.

_____. Europapolitik in der Sackgasse. Plädoyer für eine Politik der abgestuften Integration. In: *Ach, Europa*. Kleine Politische Schriften. v.XI. Frankfurt am Main: Suhrkamp, 2008.

_____. Gerechtigkeit und Solidarität [1984]. In: *Erläuterungen zur Diskursethik*. Frankfurt am Main: Suhrkamp, 1991.

_____. Inklusion – Einbeziehen oder Einschließen? Zum Verhältnis von Nation, Rechtsstaat und Demokratie. In: *Die Einbeziehung des Anderen*. Frankfurt am Main: Suhrkamp, 1996.

_____. Ist die Herausbildung einer europäischen Identität nötig und ist sie möglich? In: *Der gespaltene Westen*. Kleine Politische Schriften. v.X. Frankfurt am Main: Suhrkamp, 2004.

_____. Nationalstaat und Demokratie im geeinten Europa. In: *Die postnationale Konstellation*. Frankfurt am Main: Suhrkamp, 1998.

_____. *Philosophische Texte. Studienausgabe in fünf Bänden*. Frankfurt am Main: Suhrkamp, 2009.

_____. Religion und nachmetaphysisches Denken. Eine Replik. In: *Nachmetaphysisches Denken II*. Aufsätze und Repliken. Berlin: Suhrkamp, 2012.

_____. Rettet die Würde der Demokratie. In: *Frankfurter Allgemeine Zeitung*, 4 nov. 2011. Disponível em: http://www.faz.net/aktuell/feuilleton/

euro-krise-rettet-di-wuerde-der-demokratie-115177735.html. p.31. Acesso em: abr. 2013.

HABERMAS, J. Staatsbürgerschaft und nationale Identität [1990]. In: *Faktizität und Geltung*. Beiträge zur Diskurstheorie des Recht und des demokratischen Rechtsstaats. Frankfurt am Main: Suhrkamp, 1992.

_____. Symbolischer Ausdruck und rituelles Verhalten. In: *Zeit der Übergänge*. Kleine Politische Schriften. v.IX. Frankfurt am Main: Suhrkamp, 2001.

_____. Umgangsprache, Bildungssprache, Wissenschaftssprache. In: *Kleine Politische Schriften I-IV*. Frankfurt am Main: Suhrkamp, 1981.

_____. *Vergangenheit als Zukunft?* Das alte Deutschland im neuen Europa? Ein Gespräch mit Michael Haller. Zurique: Pendo, 1991; edição ampliada: Munique: Piper, 1993.

_____. *Kleine Politische Schriften I-IV*. Frankfurt am Main: Suhrkamp, 1981.

HAMMERSTEIN, N. *Die Johann Wolfgang Goethe-Universität Frankfurt am Main.* v.I. Von der Stiftungsuniversität zur staatlichen Hochschule 1914-1950. Neuwied: Luchterhand, 1989.

HAUSCHILD, J-C.; WERNER, M. *Heinrich Heine*. Köln: Kiepenheuer & Witsch, 1997.

HEINE, H. *Sämtliche Schriften*. Munique: Hanser, 1969-1976.

HEUBERGER, R.; KROHN, H. (orgs.). *Juden in Frankfurt am Main 1800-1950*. Frankfurt am Main: S. Fischer, 1988.

HOFFMANN, Ch.; WEHNER, M. Bislang kann jeder Patient alles haben. Interview mit Charité-Chef Karl Max Einhäupl. In: *Frankfurter Allgemeine Sonntagszeitung*, 30 dez. 2002.

HÖHN, G. *Heine-Handbuch*. 2.ed. Stuttgart: Metzler, 1987, XI, 1997.

HULVERSCHEIDT, C. Das Italienische an Herrn Monti. In: *Süddeutsche Zeitung*, 30 ago. 2012.

INSTITUTO DE PESQUISA SOCIAL DE HAMBURGO (org.). *Projekte, Veranstaltungen, Veröffentlichungen 2008-2011*.

KANT, I. Einleitung in die Rechtslehre. In: *Werkausgabe, v.VIII* (Die Metaphysik der Sitten, editada por Wilhelm Weischedel). Frankfurt am Main: Suhrkamp, 1968. [Ed. bras.: *Metafísica dos costumes*. Petrópolis: Vozes, 2013.]

KORNELIUS, S. Cameron bekennt sich zu Europa. In: *Süddeutsche Zeitung*, 8 abr. 2013. Disponível em: http://www.sueddeutsche.de/politik/britischer-premierminister-im-interview-cameron-bekennt--sich-zu-euroa-1.1642675. Acesso em: abr. 2013.

KRISCH, N. Global Governance as Public Authority. An Introduction. In: *International Journal of Constitutional Law*, 10/4, out. 2012.

LACROIX, J.; NICOLAIDES, K. (org.). *European Stories*. Intellectual Debates on Europe in National Contexts. Oxford: Oxford University Press, 2010.

LAFONT, C. Alternative Visions of a New Global Order. What Should Cosmopolitans Hope for? In: *Ethics & Global Politics*, 1/1-2, 2008.

MARCUSE, H. *Konterrevolution und Revolte*. Frankfurt am Main: Suhrkamp, 1973.

MARX, K. Zur Kritik der Hegelschen Rechtsphilosophie. Einleitung [1844]. In: *Marx-Engels-Werke*. v.I. Berlin: Dietz, 1976.

METZ, K. H. Solidarität und Geschichte. Instituionen und sozialer Begriff der Solidarität in Westeuropa im 19. Jahrhundert. In: BAYERTZ, K. (org.). *Solidarität*. Begriff und Problem. Frankfurt am Main: Suhrkamp, 1998.

MÖLLERS, Ch. *Die drei Gewalten*. Legitimation der Gewaltengliederung in Verfassungsstaat, Europäischer Union und Internationalisierung. Weilerswist: Velbrück, 2008.

NEUMAIER, R. Mia san mia – aber woher? Das Volk, das plötzlich da war: Eine Archäologin gräbt die Multikulti-Wurzeln der Bajuwaren aus. In: *Süddeutsche Zeitung*, 8 abr. 2013.

NIESEN, P. (org.). *Transnationale Gerechtigkeit und Demokratie*. Frankfurt am Main, 2012.

OETER, S. Föderalismus und Demokratie. In: BOGDANDY, A.; BAST, J. (orgs.). *Europäisches Verfassungsrecht*. Heidelberg: Springer, 2010.

OFFE, C. Europa in der Fale. In: *Blätter für deutsche und international Politik*, n.1, 2013.

OFFE, C. Participatory Inequality in the Austerity State: A Supply-Side Approach. In: SCHÄFER, A.; STREECK, W. (orgs.). *Politics in the Age of Austerity*. Cambridge/Malden (MA): Polity Press, 2013.

PAPENFUSS, D.; PÖGGELER, O. (orgs.). *Zur philosophischen Aktualität Heideggers*. v.3, *Im Spiegel der Welt: Sprache, Übersetzung, Auseinandersetzung*. Frankfurt am Main: Klostermann, 1992.

PETER, A. *Völkerrecht*. Zurique: Scultheiss, 2006.

REEMTSMA, J. Ph. *Wie hätte ich mich verhalten?*. Munique: Beck, 2001.

REXER, A. Die Schuld für die Schulden. George Soros zur Euro-Krise. In: *Suddeutsche Zeitung*, 11 abr. 2013. Disponível em: http://sueddeutsche.de/wirtschaft/george-soros-zur-euro-krise-die-schuld-fuer-die-schulden-1.1645930. Acesso em: abr. 2013.

RÖDDER, A. Dilemma und Strategie. In: *Frankfurter Allgemeine Zeitung*, 14 jan. 2013.

ROMPUY, H. Auf dem Weg zu einer echten Wirtschafts- und Währungsunion. Bericht des Präsidenten des Europäischen Rates. In: *EUCO 120/12*, 26 jun. 2012. Disponível em: http://www.consilium.europa.eu/uedocs/cms_data/docs/pressdata/de/ec/131294.pdf. Acesso em: abr. 2013.

ROTENSTREICH, N. The Right and the Limitations of Martin Buber's Dialogical Thought. In: SCHILPP, P. A.; FRIEDMAN, M. (orgs.). *The Philosophy of Martin Buber*. London: Cambridge University Press, 1967.

RÜBNER, T.; MACH, D. (orgs.). *Briefwechsel Martin Buber – Ludwig Strauß 1913-1953*. Frankfurt am Main: Luchterhand, 1990.

RUMENNS, S. Staging Deliberation. The Role of Representative Institutions in the Deliberative Democratic Process. In: *The Journal of Political Philosophy*, mar. 2012.

SCHILPP, P. A.; FRIEDMAN, M. (orgs.) *The Philosophy of Martin Buber*. London: Cambridge University Press, 1967.

SCHOLEM, G. *Die jüdische Mystik in ihren Hauptströmungen*. Frankfurt am Main: Suhrkamp, 1957.

SIMITIS, K. Flucht nach vorn. In: *Frankfurter Allgemeine Zeitung*, 27 dez. 2012. Disponível em: http://m.faz.net/aktuell/politik/di-

-gegenwart/eurokrise-flucht-nach-vorn-12007360.html. Acesso em: abr. 2013.

STREECK, W. *Gekaufte Zeit*. Die vertagte Krise des demokratischen Kapitalismus. Berlin: Suhrkamp, 2013.

_____. Varieties of What? Should we Still be Using the Concept of Capitalism? In: GO, J. (org.). *Political Power and Social Theory*, n.23.

_____. Von der Demokratie zur Marktgesellschaft. In: *Blätter für deutsche und internationale Politik*, n.12, 2012.

THEUNISSEN, M. *Der Andere*. 2.ed. Berlin: de Gruyter, 1977.

TOMASELLO, M. *Die Ursprünge der menschlichen Kommunikation*. Frankfurt am Main: Suhrkamp, 2009.

_____. *Die kulturelle Entwicklung des menschlichen Denkens*. Frankfurt am Main: Suhrkamp, 2002.

WERNER, H.-J. *Martin Buber*. Frankfurt am Main: Campus, 1994.

WILDT, A. Solidarität – Begriffsgeschichte und Definition. In: BAYERTZ, K. (org.). *Solidarität*. Begriff und Problem. Frankfurt am Main: Suhrkamp, 1998.

Índice onomástico

A
Ackermann, Josef, 193
Adenauer, 36, 77
Adorno, Theodor W., 8, 35, 42-4, 47, 52-3, 76, 167, 183, 236
Agnon, Samuel Joseph, 51
Albert, Hans, 39
Alexander, Franz, 45
Anders, Günther, 37, 76
Arendt, Hannah, 37
Aron, Raymond, 47

B
Bachofen, Johann Jakob, 69
Baeck, Leo, 51
Balint, Michael, 45
Bally, Gustav, 45
Barnier, Michel, 169
Beck, Ulrich, 17, 159, 243
Bell, Daniel, 184
Bendix, Reinhard, 47
Benjamin, Walter, 38, 40, 47, 67, 72, 81, 236
Bergmann, Hugo, 68
Bernstein, Eduard, 50
Binswanger, Ludwig, 45
Bloch, Ernst, 36, 67
Böhme, Jakob, 41, 54, 75
Böll, Heinrich, 232
Börne, 86
Brecht, Berthold, 89
Brenner, Michael, 51
Briegleb, Klaus, 78
Broszat, Martin, 230
Buber, Martin, 49-64, 66-71, 242
Busch, Günther, 29
Bush, George W., 163

C
Carnap, Rudolf, 38, 53
Cassirer, Ernst, 34, 53
Cohen, Hermann, 68
Cohn-Bendit, Daniel, 159

D

d'Estaing, Valéry Giscard, 162
Dahrendorf, Ralf, 209-14
Darwin, Charles, 217
Davidson, Donald, 215
Dehio, Ludwig, 137
Delors, Jacques, 162
Derrida, Jacques, 67
Dewey, John, 53
Dorst, Tankred, 243
Draghi, Mario, 130, 170
Durkheim, Émile, 211

E

Ehalt, Hubert Christian, 155, 159, 160-1, 163
Elias, Norbert, 37
Enderlein, Henrik, 160
Enzensberger, Hans Magnus, 242
Erikson, Erik, 45
Espinosa, Baruch, 69, 76-7

F

Feigl, Herbert, 38
Fellinger, Raimund, 29
Feuerbach, Ludwig, 59
Fichte, Johann Gottlieb, 75, 77
Fischer, Joschka, 162
Forster, Georg, 77
Francis, Emerich K., 44
Freud, Sigmund, 45, 48, 68
Freyer, Hans, 34, 44
Friedländer, Saul, 230
Fromm, Erich, 51

G

Gabriel, Sigmar, 169
Gadamer, Hans-Georg, 42, 215
Gans, Chaim, 71
Gehlen, Arnold, 34, 36, 44
Geiselberger, Heinrich, 29
Gernhardt, Robert, 226
Glaeser, Ernst, 213
Goethe, Johann, 69
Grable, 45
Grass, Günter, 232

H

Hädeck, Wolfgang, 79
Haller, Michael, 157
Hecht, Koppel, 54
Hegel, Georg W. F., 90, 142, 215, 217, 220-1
Heidegger, Martin, 34, 46, 59, 215, 236-7
Heine, Heinrich, 69, 73-92, 148
Heisenberg, Werner, 242
Hempel, Carl Gustav, 38
Hennis, Wilhelm, 40
Herder, Johann Gottfried von, 68, 93
Herzl, Theodor, 68
Heuss, Theodor, 52
Hildebrandt, Dieter, 242
Höhn, Gerhard, 78
Hölderlin, Friedrich, 87
Homero, 89
Horkheimer, Max, 8, 35, 44-5, 233
Humboldt, Wilhelm von, 59
Husserl, Edmund, 34, 37, 61, 222

J

Jakobson, Roman, 215
James, William, 67
Jaspers, Karl, 53, 59, 227
Jonas, Hans, 39

K

Kafka, Franz, 50
Kaiser, Joachim, 243
Kant, Immanuel, 68-9, 77, 90-1, 101, 103, 106, 211, 217
Kästner, Erich, 242
Kelsen, Hans, 108
Kierkegaard, Søren, 59, 67
Kleist, Heinrich von, 75, 226
Kluge, Alexander, 243
Koeppen, Wolfgang, 242
Kohl, Helmut, 137, 162
König, René, 44
Kortner, Fritz, 242
Kracauer, Siegfried, 51
Kraft, Julius, 37
Kraft, Victor, 38
Kraus, Karl, 80
Krechel, Ursula, 34
Krüger, Michael, 243
Kues, Nikolaus von, 54
Kuhn, Helmut, 35, 42

L

Landauer, Gustav, 50
Landmann, Michael, 35
Le Goff, Jacques, 215
Lessing, Gotthold, 69, 76, 93, 226
Levinas, Emmanuel, 67
Löwenthal, Leo, 51
Löwith, Karl, 34-5, 42, 46
Luhmann, Niklas, 215
Luria, Isaak, 41
Lutero, Martinho, 75

M

Mann, Thomas, 231
Mannheim, Karl, 37
Marcuse, Herbert, 8, 27, 45-8
Marx, Karl, 8, 48, 59, 68, 81-2, 85, 210-1
Mead, George Herbert, 216
Meier, Heinrich, 40
Mendelssohn, Moses, 34, 69, 77
Merkel, Angela, 14, 160-1, 204
Mishima, Kenichi, 231-7
Mitscherlich, Alexander, 45, 243
Mitterrand, François, 162
Moisés, 90-1
Monti, Mario, 177
Moore, Henry, 85
Morgenthaus, Hans, 108

N

Nagel, Ivan, 76
Napoleão III, 85
Nelson, Benjamin, 47
Neurath, Otto, 38
Nicolai, Christoph Friedrich, 76
Nida-Rümelin, Julian, 239

O

Oetingen, Friedrich Christoph, 54
Offe, Claus, 138, 183
Otto, Walter F., 51

P

Papademos, Loukas, 177
Papandreou, George, 186
Parsons, Talcott, 47, 210
Patzig, Günther, 43
Paul, Jean, 75
Piaget, Jean, 216
Platão, 216, 240
Plessner, Helmuth, 34-6, 44
Popper, Karl, 39, 44, 213
Putnam, Hilary, 39

R

Rawls, John, 147
Reagan, Ronald, 156, 184
Reemtsma, Jan Philipp, 225-30
Reich-Ranicki, Marcel, 76
Reichenbach, Hans, 38
Reitan, Claus, 156-7, 159, 162-4
Ricoeur, Paul, 215
Rödder, Andreas, 137
Rompuy, Herman Van, 169, 179
Rorty, Richard, 64
Rosenzweig, Franz, 50-1
Rotenstreich, Nathan, 61-2, 66
Rothacker, Erick, 39
Rousseau, Jean-Jacques, 211
Royce, Josiah, 67
Russell, Bertrand, 53

S

Saint-Simon, 90
Salamander, Rachel, 243
Salomon-Delatour, Gottfried, 37
Sartre, Jean-Paul, 59
Scharpf, Fritz, 160
Scheler, Max, 34, 36
Schelling, Friedrich, 76-7, 87
Schelsky, Helmut, 44, 210
Schilpp, Paul Arthur, 53
Schmidt-Rottluff, Karl, 242
Schmidt, Arno, 225-6
Schmidt, Helmut, 162
Schmitt, Carl, 69, 108
Scholem, Gershom, 33, 39-40, 51, 53-4, 68
Sennett, Richard, 215
Silbermann, Alphons, 37
Silva, Aníbal Cavaco, 147, 193
Simitis, Konstantinos, 141, 150
Simmel, Georg, 34
Simon, Ernst, 51, 68
Snell, Bruno, 215
Sohn-Rethel, Alfred, 37
Sonnemann, Ulrich, 37
Soros, George, 204
Spitz, René, 45
Stegmüller, Wolfgang, 38
Stern, William, 37
Stiglitz, Joseph E., 160
Strauss, Leo, 39-40, 51
Strauß, Ludwig, 49
Streeck, Wolfgang, 19-20, 22, 183-90, 192, 195-201, 203
Szondi, Peter, 76

T

Tarski, Alfred, 38
Thatcher, Margaret, 156, 184, 187
Theunissen, Michael, 61

Tomasello, Michael, 65, 215-23
Tugendhat, Ernst, 43

U
Unseld, Siegfried, 36

V
Vygotsky, Lev, 216

W
Waismann, Friedrich, 38
Walter, Bruno, 242

Weber, Max, 42, 47-8, 99, 104, 211, 233-4
Whitehead, Alfred North, 53
Wieland, 226
Wittgenstein, Ludwig, 38, 64
Wolff, Christian, 76

Z
Zinn, Georg August, 167
Zweig, Arnold, 50
Zweite, Armin, 245
Zwi, Sabbatai, 54

SOBRE O LIVRO

Formato: 14 x 21 cm
Mancha: 23 x 44 paicas
Tipologia: Venetian 301 12,5/16
Papel: Pólen Print 80 g/m² (miolo)
Cartão Supremo 250 g/m² (capa)
1ª *edição*: 2014

EQUIPE DE REALIZAÇÃO

Capa
Andrea Yanaguita

Edição de texto
Frederico Tell Ventura (Copidesque)
Arlete Sousa (Revisão)

Editoração Eletrônica
Eduardo Seiji Seki (Diagramação)

Assistência Editorial
Alberto Bononi

GRÁFICA PAYM
Tel. (11) 4392-3344
paym@terra.com.br